歴史文化ライブラリー

538

近江商人と出世払い

出世証文を読み解く

宇佐美英機

吉川弘文館

目　次

出世証文に分け入る

出世払いを考える——プロローグ

出世したらどうするのか

「出世払い」ということを一体どのような行為として人々は理解しているのだろうか。この日本語は、一体いつ頃から用いられるようになったのだろうか。それが気になって、国語辞典を繙《ひもと》いてみた。小学館『日本国語大辞典　第二版』には、「しゅっせ―ばらい【出世払】」とは、「出世または成功したときに借金を返済すること。また、その約束。転じて、年長者が若者に、特に期限を設定せずに金を貸したり、支払いを猶予したりすること」とある。

この説明の後段によれば出世払いは、年長者が若者に対して実行する行為であって、逆はないことになるが、それは必ずしも正しくはないだろう。たとえば卑近な例を挙げれば、年配の人間が飲食を済ませた後にお金を持っていないことに気付き、年若の後輩や店の主人に「出世払い」を懇願したとする。この店主が飲食者の願いを聞き入れることはあるだろうが、飲食の後に出世払いしたいと願っても聞き入れられなければ、誰でも無銭飲食者として対応されるだろう。このようなことは、飲食だけとは限らず金銀貸借の場合でも、返済することが困難になった時に改めて出世払いにしてほしいと懇願する人と相手（貸主、店主）の間が見知りの関係であり、相互に信頼・信用関係がなければ言い出せないことだろう。

逆に、このような親しさがあれば、ただ現在手元にお金がなく、急遽《きゅうきょ》相手に「出世払いで貸して」という軽口をたたくことは、特別なことではない。このような関係性を前提にして出世払いは存在している。したがって、年齢の長幼は決定的な要因ではないだろう。年長者が若者に期限を設定せずにお金を貸したり支払いの猶予を与えることは、年長者の度量の大きさ、寛容な心を示すことになるのだろうが、それは若者の将来性をかってのことかも知れないし、自らの人を見る目の力（自信）を示す行為とも受け取れるが、必ずしも年長者だけに限ったことではないだろう。

本書では、辞典の前段にある説明を意識して史料を読んでいるが、「出世または成功したとき」は「借金を返済する」ことが可能となったときであると理解できる。そして出世するとは、同辞典によれば本来は仏教用語なのだが、その⑧の意味として「世に出て立派な身分になること。世に栄えること。立身。栄進。しゅっせい」が挙げられている。ここで問題なのは、右の意味をもつ出世の使用法は「不審条々《ふしんじょうじょう》」（一四〇三）、「申楽談儀《さるがくだんぎ》」（一四三〇）など一五世紀初頭以降の文献に見られるとされるが、「出世払」の項では語源の例示はない。少なくとも慶長本「日葡辞書《にっぽじしょ》」に「シュッセ」はあっても「シュッセバライ」は載せられていないことから判断しても、出世払いという慣行は近世期に成立したものだと考えてよいだろう。

それでは出世払いという慣行は、近世期に一体どのような歴史を背景として成立したのか、どのような要件が整っていることが出世払いと見なし得るのか、それらのことを念頭にして考えていくことにしたい。ただし、本書では全国を対象として史料分析と考察を加えるのではないことを、あらかじめお断りしておく。あくまでも史料の閲覧・利用が容易であった近江国《おうみのくに》（滋賀県）の史料をもとにした試論、ないし作業仮説の提示であると思っていただきたい。

「出世証文」を読むこと

近江商人の家や商人を輩出した近江国の村々に伝来した史料を調査するなかで、筆者の興味関心を惹きつけてやまないことは、この地域に多数の「出世証文」（カバー写真・本書27頁参照）が伝来しているという事実である（登場する商家の所在地は図1参照）。本書は、この地に残された出世証文や商家の店法《たなほう》

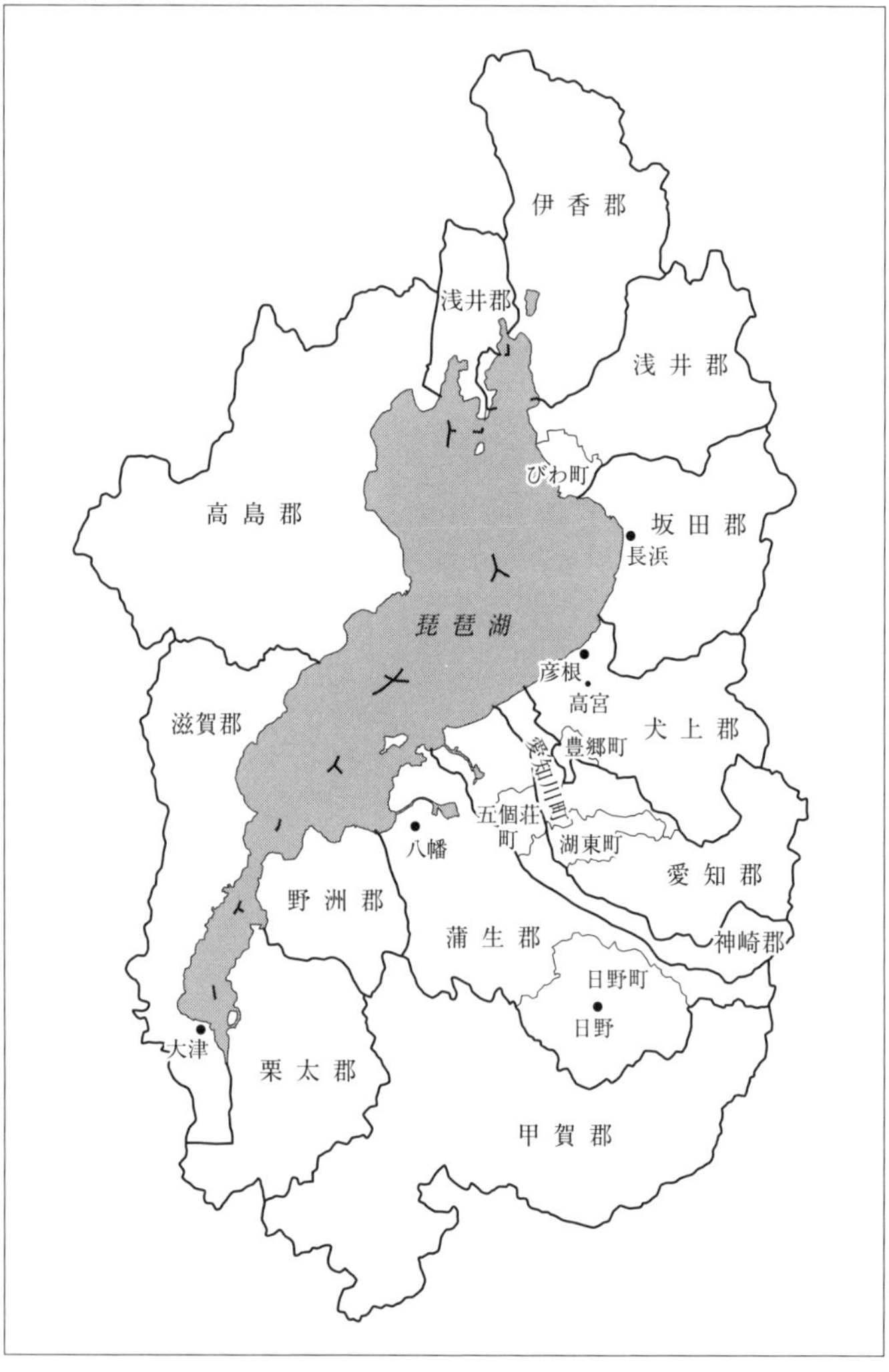

図１　滋賀県（旧郡界・一部旧町表示）

類を主な素材にして、近世・近代期の近江国の出世払いの事例を紹介するが、なぜこれらの史料を用いるのかについて、少し説明しておきたい。

現在の歴史研究者のなかでも、出世証文の存在を知る者、ましてや原史料を見たことがある者は、一部に限られているだろう。研究史的には、すでに明治期から分析対象とされているが、ごくわずかの事例で結論が導き出されていた。少なくとも近世期においてこの証文は、全国で普遍的に作成されたものではなかった。そのほとんどは上方《かみがた》地域に伝来しており、東国社会で発見されることは稀な証文である。それゆえ、東国社会を分析対象としている研究者には、目にする機会が乏しいのも当然である。そのこともあって、この証文の歴史学的な意味、位置づけについては、まだ確定されているわけではなく、事例の発掘、史実の積み重ねが要請されている段階にあるといえる〔宇佐美二〇〇八〕。にもかかわらず、あえて本書を執筆するのは、出世証文の存在に市民権を与え、さらなる史料の発掘に期待し、いずれ歴史的意義を明らかにしたいという宿願があるからである。なぜなら「出世証文を書く」ことは、決して過去の慣行ではないのである。出世証文を書き、出世払いをするということは、現在でも法律で認められている行為なのである。

先の国語辞典で「出世証文」は、「出世または成功したときに、借金を返済する旨の約束を記載した借用証書。仕合《しあわせ》証文」とあり、この前半部の説明は出世払いのものと同じである。また説明に際しては、『増補改訂新聞語辞典』（一九三六）の「債権者が債務者の窮状に同情して殆《ほとん》ど債務の免除に等しい厚意を以て金銭を貸与する時になす証文」という記述を引用している。「同情」と「厚意」を強調する説明は間違いだとは言えないまでも、必ずしも近世・近代期の多数の実例や実態をふまえたものではない。そこでは根拠となる事例を挙げているわけでなく、慣行の成立時期についても触れてはいない。それゆえ、未解決の史実を、近江国の事例をもとに少しでも解明しておきたいのである。

出世証文の存在を確かめるということは、出世払い慣行の成立をたどることでもある。

出世払いを意識する

出世払いという言葉は、現在の日本社会では誰でも口の端にのせることであろう。しかし、この言葉を発する場面や状況はどのような時であろうか。それを想像することは、出世証文の歴史的意味を考える上でも重要なことである。何気なく会話の中で発する言葉が、日本語として辞書にも載せられるようになるのは、その言葉が社会のなかで定着したと見なされたからであろう。単なる流行語として一時は用いられたとしても、日本語として認定されないまま消失した言葉は数知れない。

ところが出世払いという言葉は、現在では全国で普遍的に用いられている。誰しもがこの言葉を何となく共通した概念、意味で理解している。にもかかわらず、一体いつ頃からこの表現が用いられ、どのような史実を経て定着したのかということについては、これまで議論されたことがない。言葉の定着には歴史が反映されていることが自明だとすれば、出世払いについても検討してみる価値はあるだろう。

出世証文は、この出世払いという慣行を成立させる上で重要な意味をもったと考えられる。この証文の成立が出世払い慣行を（とりわけ上方）社会のなかにもたらし、やがてその慣行が定着するとともに、近代以降に普遍的な行為として全国で定着するようになったと考えられるのである。

本書の叙述について

本書は大別して二つの主題からなる。前半は、出世証文を通じた出世払い慣行の実態を明らかにする。後半では、この証文がなぜ近江国で多く見られるのかについて、近江商人の店法類を素材にして考える。

後にも再述するが、現在の歴史研究では、近江商人の営為は一部の商業史・経営史研究者を除けば、ほとんど分析対象とされていない。しかし、近世期に近江国内で創業し、現在も事業を継承している企業は多数存在している。たとえば、総合商社の伊藤忠商事・丸紅（伊藤忠兵衛家、安政五年〈一八五八〉創業）、総合繊維商社の外与《とのよ》（外村与左衛門家、元禄一三年〈一七〇〇〉創業）・アパレル・呉服商社のツカモトコーポレーション（塚本定右衛門家、文化四年〈一八〇七〉創業）、アパレル商社のチョーギン〔丁吟〕（小林吟右衛門家、寛政一〇年〈一七九八〉創業）などである。これらの創業家に残された史料は、本書でも利用している。また、史料を引用していないが出世証文を残している家には、寝具メーカーの西川（西川甚五郎家、元和元年〈一六一五〉創業）などがある。

このような著名な企業が現在に至るも存続できたことには、さまざまな要因があろうが、共通して多数の史料を後世に伝えている事実は重視すべきだろう。自らの事業経営の実態を後世の当主・奉公人（店員）や家族に残すことにより、現代的な表現をとるならば、説明責任を果たしているのである。意図的にそうしたのか、そうではないのかを問うことをここではしないが、近江商人の末裔の元に膨大な史料が残されていることには、それなりの意味があったと考えられる。

近世期には、図2に示したように、近江商人は全国各地に出店《でみせ》を設けている。とりわけ、関東一円には、蒲生《がもう》郡日野《ひの》町域出身の酒造・醸造業者が多数存在している。このような商家が近代期に至るも存続し得た要因、あるいは逆に衰退・消滅した原因を明らかにするためには、多様な視角での検討が必要であり、本書はそのことも意識している。

ところで、本書では、この歴史文化ライブラリーシリーズの他書とは異なり、多数の史料を載せている。それは出世証文を目にすることは稀であり、実見した人々がほとんどないだろうと思い、史料紹介を兼ねているからである。しかし、引用した出世証文は読者の便を考え読み下し文に改めるとともに、その後の【　】内に本文の大意を記した。また店

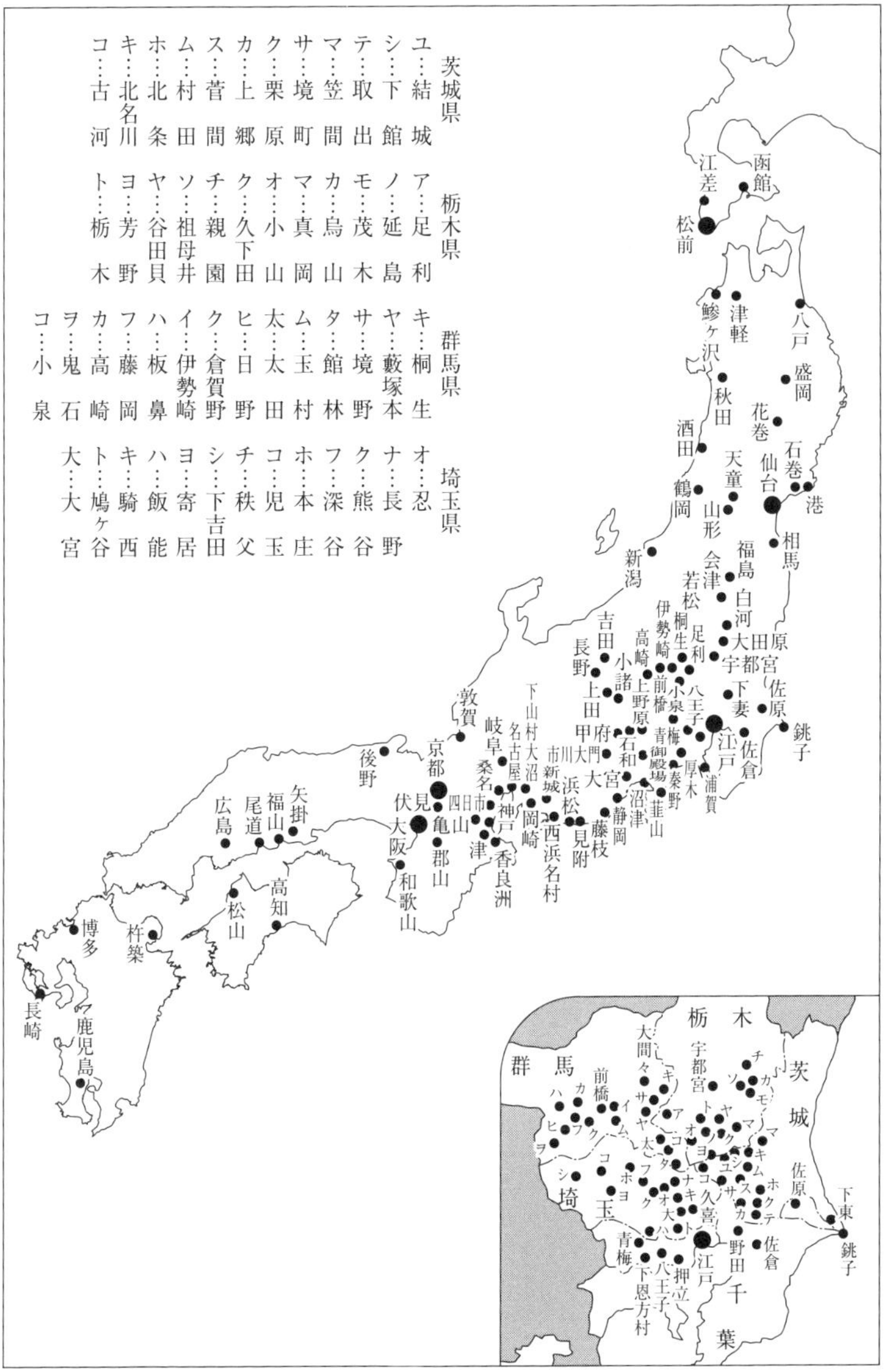

図2　江戸時代における近江商人の出店所在地（江頭恒治『近江商人中井家の研究』雄山閣，1965年，14頁掲載図をもとに加筆作成）

法類は、原則として原文ではなく意訳を記し、史料の出典を示すに留めた。

なお、引用史料に所蔵機関・施設名を記さないものは、すべて滋賀大学経済学部附属史料館が所蔵・保管（寄託文書）するものである。村・大字名については、平成年間の合併による現在の市町名を記したが、引用した史料を伝えている商人たちの居所は、旧町名で記した。たとえば、現在は東近江市となっている「五個荘町《ごかしょう》」「湖東町《ことう》」や愛荘町《あいしょう》となった「愛知川町《えちがわ》」、長浜市となった「びわ町」などである（図1参照）。

出世証文の扉を開く

近江商人の研究と巷間の言説

近江商人研究の重要性

近世期の一つの商人類型である近江商人（江州商人）は、中世商業史研究で著名な今堀郷《いまぼりごう》（東近江市）を中心とする保内《ほない》商人たちの活動の後に歴史上に姿を現し、近世期に独特の商い方法を創造している。近江商人たちは、近世期において先進的で近代的な商業技術に達していた。それゆえ、日本の商業・経営史を語る上では、近江国の商家や商人の営為を抜きにして結論を導くことは不十分なのである。この近江商人たちが商業活動を通じて到達した理念や慣行は、歴史を学ぶ者にとって重要な意味がある。

というのは、二〇〇六年三月に「検索済み全国都道府県市町村史リスト」が公表されている。これは脇田晴子を研究代表者とする平成一四年～一七年度の科学研究費補助金（基盤研究A・課題番号一四二〇一〇三四）による共同研究成果報告の一つである。そこでは北海道から沖縄県に至る二八道府県の既刊自治体史を検索し、近江商人の記述の有無が調べられている。それによると、検索した一八一七点の自治体史のうち三四三点に記述があることがわかる。調査した自治体史全体の一八・九％を占める数値である。しかも、その時点では東京・埼玉・群馬・栃木・千葉・茨城・山梨など、これまでの研究で多数の近江商人が出店を設け商業活動を行っていたことが判明している地域を含むいくつかの県市町村史は採録洩れとなっている。また、滋賀県下に限っても、当時は編さん事業の途中であったため、このデータには取り上げられていない自治体史もある。ただし、右の三四三点の自治体史は複数回編まれたものも一点と数えているため、個別自治体は三四三には至らない。

しかし、調査には至らなかった残りの一九の府県、とりわけ関東一円の自治体史や滋賀県内のものを加えるならば、その数字がさらに高くなることに疑問の余地はない。そのことを勘案するならば、全国の二〇％を優に超える自治体史が近江商人について何らかの叙述をしていると推測される。図2に挙げた近江商人の出店所在地を見るだけでも、容易にそのことを理解できよう。この図に示された出店所在地は、半世紀ほど以前のデータに基づいている。滋賀県内の自治体史編さん事業が進められた一九八〇年代以降に、それまで確認されていなかった地にも出店が開設されていたことが明らかにされている。図2には出店所在地のすべてではないが近年の成果も一部加筆しており、集中した地域を確認することに有意義である。

このように、近世・近代社会における商業史や商人の営為を議論するならば、近江商人が近江国内だけでなく、進出地域でも多大な影響力があったということを理解する必要がある。しかし、近年の歴史研究では、近江商人研究史を等閑視した商人・商業史の分析が目につくようになった。近江商人の営為は、全国的な歴史のなかで再評価される必要があろう。

近江商人と分析の意図

近江国には、管見の範囲で日本で最も多数の出世証文が伝来している。近江国の人々、とりわけ商人は、この限りで出世証文、出世払いの世界を実現していたと言える。証文の多くは、近江商人の末裔家に伝来していることも明らかである。それはなぜなのか、ということを考えるためには、出世証文だけでなく商家に残された店法類の分析も欠かすことはできない。

近江商人は近世商人の一類型であり、近江国に本宅（本家・本店）を置いて他国稼ぎをした商人だと斯学《しがく》では定義化されている。一般的に往路では近江国内の特産物や上方で購入した商品を他国に持ち下り販売し、復路では地方の特産物を購入して登せ荷《のぼせに》として、上方・近江国などで販売するという、「のこぎり商い」を実践した商人であった。このように「持ち下り商い」と称し他国稼ぎすることを商いの特徴とした商人たちは、近世期の既存の商業・流通構造を変化させた局面において、重要な位置を占めている。しかも、債務者は全財産を提供してでも債務を弁済しなければならない、と考える無限責任思想が一般的であった時代に、債務者は財産のうち特定の物または一定額を限度として弁済すればよい、とする有限責任の「乗合《のりあい》商い・組合《くみあい》商い」と称する合資《ごうし》（複数の者が資本を出し合うが、債権者に対し無限責任を負う者と有限責任を負う者がいる）・合名《ごうめい》（複数の者が資本を出し合い、債権者に対し共同して無限の責任を負う）形態による共同経営活動を実践したこと、「産物《さんぶつ》廻《まわ》し」と称する、各地域の需要・供給の状況を勘案して商品を廻送し販売する商い方法を考案したことなど、いち早く近代的な商業経営に到達していたことは、すでに戦前期において高く評価されていた〔菅野一九三〇〕。

　もっとも、近江商人研究においては、勘定帳簿や家訓・店法などを用いて経営の実態や理念を分析することが常道であった。この分析によって得られた知見は、これまでの日本商業史・経営史研究上で重要な意味を有している。ただし出世証文に注目した研究は、拙稿〔宇佐美一九九六ａｂ〕までなかった。家訓・店法の条文解釈においても、近江商人の立身・出世観を問う論者はいなかった〔宇佐美一九九九〕。

それゆえ近江商人の営為は、商家や村々などに膨大に残された史料のごく一部を用いただけで語られてきたといっても過言ではない。もとより本書でもほんの一部の史料を利用するだけであり、同様の誹《そし》りは甘受せざるを得ない。ただ、これまで捨象されてきた史料に注目して、より豊かな近江商人像を描くことは、日本における商業の歴史に新しい史実を提供することになるだろうと考えている。

近江商人を毀誉褒貶する言説

ところで、近江商人の営為には、毀誉褒貶《きよほうへん》する言説が飛び交っている。そのなかで最も人口に膾炙《かいしゃ》しているのは、「近江どろぼう、伊勢こじき」であろう。この俚諺《りげん》は小山田与清《おやまだともきよ》『松屋筆記《まつのやひつき》』巻九六にも取り上げられているが、そこには関東では盗人を「ドロバウ」といい、放蕩《ほうとう》者を「ドウラクモノ」というが、京辺では放蕩者を「ドロバウ」といい、盗人のことを指さないので、「近江ドロバウ、伊勢コジキ」は上方人の言い出した語か、坂東人の言い出したことなのか、出所によって意味が異なるだろうと記している。巻九六が書かれた正確な年次は不明だが、おそらくは一八二〇年代から四〇年代の頃に小山田が書き留めたくらいに、地域によって異なるイメージで近世人は噂していたのであろう。しかし、「ドロバウ」を盗人のことだとする関東の見方が、放蕩者とする上方人の理解よりも一般化していき、近江商人を盗人と揶揄する理解になったのだと思われる。現在では、多くの論者が『松屋筆記』の記述を考慮することなく、単純にどろぼう＝盗人として論じ続けているのである。それは単純すぎる理解だろう。

明治時代は資本主義が成立していく時代であったが、この大変動期に際して渋沢栄一は、明治六年（一八七三）すぎの商売の中心地（東京の日本橋、堀留・伊勢町・伝馬町辺り）の有力な商人として「杉村（筆者注・甚兵衛）とか塚本（同・定右衛門）とか、或《あるい》は小林（同・吟右衛門）、丁治《ちようじ》（同・薩摩治兵衛）とかいふような重立った商人は、成るべくたけ我々改進主義の商人をば遠ざけるやうに心懸けた。蓋《けだ》し今に潰れるだらうといふ危みを以て待遇して居った」と述べ、「守旧主義に改進主義が打勝つといふ時代」にならなければ自らの理想を実行することはできない、と明治四二年（一九〇九）に回顧している〔井口一九一三〕。自らを「改進主義」だと称して、東京に拠点を置いた幕末・明治初期の代表的近江商人を「守旧主義」であり、時代遅れの固陋頑迷《ころうがんめい》な商人たちだと批判している。

しかし、一方で勝海舟は『氷川清話《ひかわせいわ》』のなかで、右の塚本家二代目定次《さだじ》の社会貢献の思いを評し「すごい男だろう」と賞賛している。また、定次は福沢諭吉との知遇を得て慶應義塾に多額の寄付をするなど、当時の教育界・宗教界の知識人と交流していた〔藤堂二〇一八、近江商人博物館編一九九八〕。渋沢のように武士道や儒教道徳を価値基準において商人を評価した人物には、儒教道徳はともあれ、武士道なぞ信じていたと思われない商人や、宗教心・信仰心に根ざして商業に励んだ多くの近江商人の営為や考え方〔田中一九三八、芹川一九八七・一九九七〕を、必ずしも正当に評価できなかったのではないか。

近江商人の心をめぐる言説

とはいえ、資本主義社会が進展していくなかで、渋沢のような評価は近江人の中でも強くなっていく。大正五年（一九一六）には、塚本家の分家である塚本源三郎は、「近江商人には孤立《こりつ》・偏狭《へんきょう》・猜疑《さいぎ》の三欠点」があると表するようになり（ツカモトコーポレーション蔵「八年漫録　中」）、この見方は昭和期になると定着するようになる。たとえば、近世期の乗合商いに近代的経営への先駆性を見た菅野和太郎でさえ、一方では「近江商人が明治大正時代に活躍することができなかったのは、畢竟《ひっきょう》するに会社企業能力を有したか否か、結社の方法で事業を経営したか否かといふことに帰因する」とか「近江商人の性質として特に挙げられる通性は、孤立心、猜疑心、偏狭の三つである」〔菅野一九二九a〕などと、いわゆる近江商人落魄《らくはく》説を唱えている〔菅野一九二九b〕。

さらに、近江商人の元で奉公人の経験を経て慶應義塾に学び、卒業後に初代伊藤忠兵衛の元で近江銀行に勤務し、後年には東洋紡績社長となった阿部房次郎は、初代忠兵衛の追慕文に、初代忠兵衛は別として同時代の近江商人は「積極的かと見れば上ッ調子で進み過ぎ、堅実かと見れば旧弊で時代遅れだった」と評している〔「在りし日の父」、宇佐美二〇〇一二〕。そして、二代伊藤忠兵衛もまた、「在りし日の父」の中で「吾々湖東中郡（蒲生・神《かん》崎《ざき》・愛《え》知《ち》・犬上《いぬかみ》郡を指す）地方の最もほこりとし、かつ自戒すべきは不羈独立心《ふきどくりつしん》の旺盛と一方狷介編狭心《けんかいへんきょうしん》の蔽《おお》うべくもなき両《ふた》つである」と述べている。

このように、自己の資本と器量に誇りを抱いていた近世期の商人たちは、株式会社化を経営の至上命題として資本主義の推進（脱亜入欧の鼓舞）に邁進する立場からは、時代遅れの経営者だと批判されるようになる。しかし、その際に注意しておかなければならないことは、その批判は資本主義の発展とともに近代経営者として成功を収めた人々や有識者の言説だということである。

右に挙げた三つの心で近江商人を評価することは非科学的であり、主張する者の自己正当化と裏腹の関係にあると言える。明治期以降に商人に対する評価基準が変化していくことについては、学知や経験則で語られた言説そのものを、時代に則して検討する必要がある。また、近世の商人と近代の経営者の間には、国家観や国益観、あるいは利益観の違いがあると考えているが、その検討はここでは行わない。ただ、毀誉褒貶がともなうほどに近江商人やその末裔の営為は、魅力的な分析対象なのだということを強調しておきたい。

「三方よし」論の虚実

近年の近江商人に関わる言説の代表は「三方《さんぽう》よし」であろう。時にはCSR（Corporate Social Responsibility 企業の社会的責任）、あるいはSDGs（Sustainable Development Goals 持続可能な開発目標）などの淵源と結びつけて近江商人の営為が語られている。もちろん、企業のCSRと近江商人の世間貢献とは異なるとする見解もある〔谷本二〇一四〕。

近江商人研究において「三方よし」論が唱えられたのは、昭和六三年（一九八八）に刊行された小倉榮一郎の著書が嚆矢《こうし》であった〔小倉一九八八〕。その際に近江商人にとって「三方よし」とは、「売手よし、買手よし、世間よし」の謂《いい》であるとし、その語源は初代伊藤忠兵衛の「菩薩の業《ぎょう》（行）」の言葉、すなわち「商売道の尊さは、売り買い何《いず》れをも益し、世の不足をうずめ、御仏の心にかなうもの」だとしていた。ところが翌年の著書では、「三方良し」は宝暦四年（一七五四）の中村治兵衛家の「家訓」にあるとし、伊藤忠兵衛の言葉は無視されたのである。前年の著書を書いた時に治兵衛家の「家訓」を見ていたにもかかわらず、伊藤忠兵衛の言葉を典拠としたことを記すことはなかった。

この後に「家訓」は存在せず、「宗次郎幼主書置」なる史料が発見され、これを元に明治期に別人によって書き直されたことが明らかとなった。それ以後は、右の書置が「三方よしの原典」であり、その三方とは「売手よし、買手よし、世間よし」だと巷間《こうかん》に広められていった。

しかし、近江商人にとっての三方を造語した小倉は、最終的に「売手によし、買手によし、世間によし」だとしているのであって〔小倉一九九一〕、用語の使い方が誤っているとまではいわないが、造語者への敬意が欠けている。また、「宗次郎幼主書置」を三方よしの原典とする巷説も誤りであろう。「三方」が初代忠兵衛の言葉から造られたことをまったく顧みていないのである。言葉の正確な意味においては、あくまでも「家訓」の原典が「宗次郎幼主書置」にすぎないのである。そのような言説を語る人々は、伊藤忠兵衛の言葉や小倉の著書における表記の変遷について、精確に検討していない。

「三方よし」という用語は近世には存在せず、あくまでも後世に造語されたものであり、特段に目くじら立てて批判する必要はないだろうが、単に耳触りが良いからといって「に」抜きの表現に係る史実を等閑視するのも問題であろう。近江商人の経営理念については、まだ考えるべき論点は残されている。これに関しては、エピローグでも補足して再度述べることにする（259頁）。

ともあれ、近江商人研究は一世紀以上の研究蓄積を有する分野であり、またひとくちに近江商人といっても、商人を輩出した地域・発祥時期、あるいは進出した他国の地域や取扱商品の違いや時代による変化など、近江国内においても相違が見られる。それらの側面は、すでに斯学の研究文献によって多くの史実が解明されている。本書は、そこにささやかな新しい知見を付け加えることに限っており、研究史の批判を意図するものではない。

家が出世証文を多数伝来させているのが近江商人の末裔家であるという事実を前提にして、近江商人の末裔近江商人の営為の一面を紹介していきたい。

出世証文を俯瞰する

出世証文の定義

出世証文の存在を前提にして出世払いの歴史を語るにしても、そもそも出世証文とはどう概念定義されるのかについて触れておく必要がある。先に国語辞典の説明を掲げたが、この証文についての学術的な研究は、法制史家の中《なか》田薫《かおる》によって取り上げられたことを嚆矢《こうし》とする〔中田一九二五〕。中田は近世期の院本《いんぽん》（浄瑠璃本）をはじめとする文学作品などを素材として分散《ぶんさん》執行の事例を検討し、さらに明治一三年（一八八〇）刊行の『全国民事慣例類集』に収録された報告も参照しながら、この証文は現在の自己破産に類似する「分散」執行に際して、債権者が跡懸《あとが》かり権（再請求権）を留保するために債務者から提出させる証文だと解釈した。中田は、出世証文は分散執行という行為にともなうものと考えたのである。しかし、出世証文が分散の執行を必要十分条件とするものでないことは、小早川欣吾《こばやかわきんご》が実証的に明らかにした〔小早川一九四二〕。それにもかかわらず、近年まで中田説が法制史の通説として定着していた〔宇佐美二〇〇八〕。このような研究上の問題については、一九九〇年代半ば以降、出世証文の原本を発掘、紹介することを通じて通説の再考を促してきた。ただこの証文が上方地域を中心として、一八世紀中葉以降のものが伝来している事実の確認と、その範囲内での史料解釈にとどまっていたことも認めなければならない。

現時点で近江国（滋賀県）の者が債権者（宛名人）、あるいは債務者（差出人）、ないし請人《うけにん》・証人として連署《れんしょ》している出世証文は、一七五点（無署名を含む）確認している。これらのほとんどは滋賀県内に伝来している。その他の地域に残されている出世証文をすべて調べあげたわけではないが、現時点で滋賀県内のものを含めて二五〇点を超える証文を採集している。この数字は、あくまでも原本を実見したものと自治体史や史料集・報告集・論文などに収録されているもの、および友人・知人から提供された写真史料を加えたものである。現存している出世証文には、他府県の文書目録や史料所蔵機関の目録にその存在を記しているものがあり、それらを含めればもっと多くなることは言うまでもない。

これらに依拠する限りで出世証文を概念定義するならば、「将来の不定時において債務を弁済することを約束した証文」と理解し、本書の叙述にあたることにする。この定義は、小早川がわずかの事例に基づき「出世証文は、必ずしも分散の場合に於てのみ作成されたものではなく、広く一般に債務の弁済を将来の債務者が債務を弁済する事を能《あた》ふ時なる不定時に繋《つなが》らしむる場合に作成されてゐる」と述べていることを援用したものである。それゆえ、法律的な説明にとどまらず、多数の史料に則して証文が作成された経緯や背景を具体的に解明することで、出世証文の果たした歴史的意味を明らかにできると考えているが、とりあえず右のように定義しておくことにする。

出世証文の一般的な記載例

出世証文の古文書学的研究は、いまだ存在しない。そのため、どのような書式で認《したた》められていれば出世証文だと言えるのかについても、定説はない。本書では近江国に残された証文を数多く例示していくが、それらが多様な文面で認められていることを知ることになろう。とはいえ多様ではあるが、ある程度の共通した表現を確認できる。それらについては後に詳しく紹介することにして、まずこれは出世証文だと判断する要点を示しておきたい。そこで史料を掲げる（近江八幡市史編纂室蔵「西川利右衛門家文書」）。

この証文は、近江国の出世証文のなかで事書《ことがき》が「出世証文の事」と記されたものでは、最も古い年紀をもつものである。なお、包紙上書《うわがき》はここでは省略する。

〔史料1〕

出世証文の事

一この度其許《そもと》より当七月限り蚊帳地《かやぢ》買物代、銀高壱貫四百九拾六匁御座候ところ、私身上《しんしょう》不勝手に付、其御地大坂屋惣四郎殿挨拶を以て、五歩通にて御了簡成られ下され候段　忝《かたじけな》く存じ奉り候、則ちこの度半銀分七百四拾八匁相渡し申候、もっとも相残り銀半通分七百四拾八匁恩借《おんしゃく》仕り候ところ実正也、私出世致し候まで御待ち下され候段、偏《ひとえ》に御取立と存じ、忝き仕合《しあわせ》に存じ奉り候、この後随分情出し出世致し候上は、たとへ幾年立ち候とも、この手形を以て相違なくきっと返済仕るべく候、後日のため出世証文、よって件の如し

明和弐年（一七六五）

酉八月十八日

大坂本町四丁目

預り主　布屋善兵衛（印）

同道修町五丁目

証人　布屋長兵衛（印）

江州八幡

鉄屋喜右衛門殿

【貴方から購入した蚊帳地の代銀一貫四九六匁を七月までに支払わなければならないのですが、私の暮らし向きが悪いため（全額を弁済することはできないため）、御地の

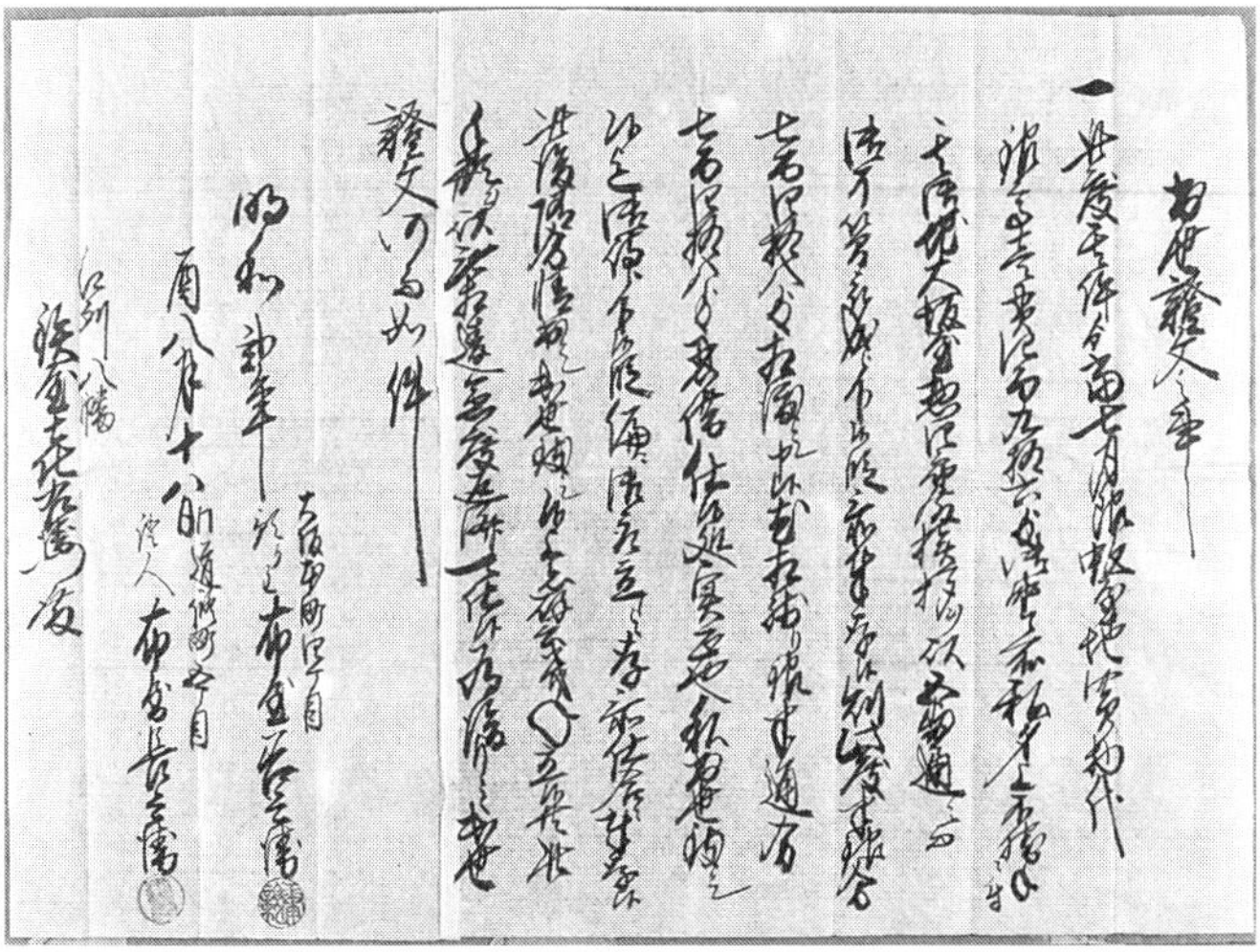

図３　事書に「出世証文之事」と記す近江国内の初見の証文（近江八幡市史編纂室所蔵「西川利右衛門家文書」）

大坂屋惣四郎殿に仲裁をお願いし、半額だけ弁済するという取り計らいにして下されたことをありがたく思っています。そこで、このたび半額の銀七四八匁をお渡しします。もっとも、残額である半分の銀高を恩借していることは間違いありません。（この弁済については）私が出世するまでお待ち下さることは、専らお目にかけて下さったものと存じ、とても仕合わせに思っております。この後は精を出し（て働き）、出世したならば、たとえ何年経とうともこの証文通りに、きっと返済致します。】

右のように、事書に「出世証文の

事」と書かれているものは、出世証文だとみて間違いない。ただ僧籍に入ったり、僧階を得る際の証文にも「出世」という語が用いられている場合があるため、本文を最後まで確認する必要がある。

右に掲げた証文をもとに述べるならば、債務は購入した蚊帳地代金の支払い滞り分であったことがわかる。出世証文の多くには、ほぼ洩れなくその債権・債務関係がいかなる原因で発生したのかわかるように記される。債務の内容は、借用金返済の滞りや諸商品代金の支払い滞り、あるいは奉公人の引負金銀《ひきおい》（取引の損金、遣い込み金）などであるが、複数回の借用金や支払い代金の返済が滞り、それらの元利が合算されて総額が出世証文面の債務額となっている例も少なくない。これらの事例もまた、後に触れる。

本文には続いて、債務を弁済すべきであるが、現状の経済・経営状態においては不可能であることが訴えられる。右の例では「私身上不勝手」とされているが、他にも「不仕《ふし》合《あわせ》」「身上不如意《ふにょい》」「当時難渋《なんじゅう》」などと記されている。この困窮した現状を語る表現の次には、右の証文にあるように、債務弁済の猶予や最終的な債務額を債権者に交渉してくれる仲介人の名前、債務の減額なり債権者による債権放棄（用捨）額などについて、具体的に記される文章が書かれる場合がある。仲介人が介在することは、必ずしも共通したことではないが、債務が多額の場合にはかなりの金額が用捨される傾向にある。また右のように、当座に一部の金銀を弁済し残額を出世払いにするなど、確定した債務額を本文に記入する例もあるが、通常は事書きの次に債務額が記される。

多くの場合、困窮している現状を述べた次には、将来（「出世致し候まで」）において、債務を弁済する（「たとへ幾年立ち候とも（中略）きっと返済仕るべく候」）と記し、この証文は債務弁済を用捨されるものではなく、弁済する義務を将来に負っている旨が記される。すなわち出世証文には、あくまでも将来において弁済することが約束させられているのである。

また債務額が記入されていない証文も少なくないが、本文中には出世次第に債務を弁済することを約束する一節が書かれることに例外はない。そして、この証文が債権・債務者の間で手交される時点で債務額が確定するとともに、弁済すべしと重ねて催促することも行われなくなる。債権者は債務者が弁済できるほどに経営・家計が立ち直る時まで、年月をともに送ることになるのである。後にも見るように、事書や本文の書き様は多様であるが、少なくとも将来出世した時に債務を弁済すると記すことが共通している。

出世払いの担保の有無

出世払いすることを約定した出世証文が取り交わされると、それ以降は確定した債務に利足が加算されないことが一般的であった。本文や包紙上書などに「無利足」「無利子」「永貸」などと書かれているものもあるが、通常は特段に記すこともなく無利足であることは当事者間で了解されていたと判断できる。また出世待ちの期間に抵当を差し入れるということもほとんど見られず、それゆえに出世証文を「無抵当貸付証文」と判断する意見もある〔植村一九八六〕。

しかし、筆者は出世証文には担保があると考えるべきで、それは債務者本人、あるいは連署している家族の「栄誉」であると理解している〔宇佐美一九九六a、二〇〇八〕。そのように考える理由は拙稿に述べているので縷説《るせつ》しないが、ただ債務者たちの栄誉が担保になっていると過大に評価することができないのも事実である。なぜなら、これは論理的な考え方であり、明文によって証明できるわけではないからである。かつて「無抵当」であるとか「栄誉」が担保であると判断した時の根拠は、田畑・家屋敷などの不動産が抵当となっていないことにあった。しかし、改めて発掘した出世証文の中には、実際上は抵当を入れていると見なすことができる例も存在している。それは次のように書かれている（東近江市近江商人博物館蔵「猪田清八《いのだせいはち》家文書」）。

〔史料2〕

一札の事

一金八百三拾五両弐歩

右の金子《きんす》無利足出情渡しに成し下され有り難く存じ奉り候、然《しか》る上はきっと相働き出情致し、右御恩金御返済仕るべく候、後日私共出情仕り候節、万一御返済仕らざる儀これ有り候はば、私家屋敷・土蔵・向屋敷・隠居・焼屋・畑に至る迄、貴殿方へ御引取下され候共、其の節一言申す間敷く候、後日のため一札、よって件の如し

天保十四年（一八四三）卯三月　弥兵衛（印）

栄　吉（印）

猪田清八殿

【金八三五両二分を無利足の出世払いにして下されありがたく存じます。そうであるからには、必ず働いて出世し、右の御恩金を返済します。後日に私どもが出世しているにもかかわらずご返済しないようなことがあったならば、私の家屋敷・土蔵・向屋敷・隠居（所）・焼屋・畑に至るまで貴殿がお引き取りになっても、その節には一言も申しません。】

これが出世証文であることは明らかであるが、債務者の弥兵衛・栄吉らは家屋敷類を処分することなく、出世払いを認められたことがわかる。彼らはこれまでの家屋敷に居住・利用しながら、多額の債務を弁済するべく出世の努力をすることになる。しかし、利用が許されている家屋敷や畑は、出世した時点で債務を弁済しないような仕儀《しぎ》に及んだ場合には、債権者の清八が取り上げるという条件になっているのである。明文化されてはいない

が、これらの不動産は、抵当に差し入れるものの使用し続けながら利子を支払う書入質《かきいれじち》と類似した扱いになっていることになる。ただし、右の例でも出世待ちの時に利子は支払っていないと思われる。

また、弘化三年（一八四六）九月に、蒲生《がもう》郡上麻生《かみあそう》村（東近江市）の五郎兵衛と忰又治が、桝屋清蔵に差し出した「借用金出世証文の事」（日野町所蔵写真・満島氏旧蔵「矢野久左衛門家文書」）の奥書には、次のような一節が記されている。この奥書には親子だけでなく、親類三名と組惣代二名が連署している。

〔史料3〕

御組町の厚き思し召しを以て、この度御残し下され候家屋鋪壱ケ所間口七間・裏行一六間其の外諸建物、右金子返納皆済に相成り候迄は、引当《ひきあて》として書入置き候間、何か年相立ち候とも売払い候義は勿論、引当等に差入れ他借等の義は決して致させ間敷く候

【御組町のご配慮によって、お残し下さった家屋敷やその他の諸建物は、お借りしている金子を皆済するまで抵当として書入れて置くので、何年経っても売り払ったり、それらを抵当にして他から借金するようなことは決してさせません。】

この事例では奥書に「引当として書入置き候」と明記されており、出世していく期間は家屋鋪が書入引当（抵当）になっていることは、史料2の状態と同じであると言えよう。

このようにごく少数ではあるが、無利足であるとしても無抵当ではない事例が存在することは、出世証文が多様な条件で作成されるものだという一例になる。

出世証文の分類と事書

ところで出世証文が「仕合《しあわせ》証文」とも称されたことは、早く中田の指摘したところである。たしかに史料1の包紙には、「明和二年乙酉八月　大坂布屋善兵衛かや代売掛け　五歩通り請取相済む、残り五歩通りの仕合証文、一通」と上書きする一方、証文の事書には「出世証文の事」と記しているが、この証文を「仕合証文」だとも認識していたことが明らかである。

近世期の「しあわせ」については、倉地克直が検討を加え、「「世間」に生きる「しあわせ」は、相見互いの「しあわせ」であり、「物質的な豊かさではありません」と述べている〔倉地二〇一五〕。倉地が挙げた事例を総体的に見るとそのように理解できるが、仕合証文が手交される際には、債務者の「物質的な豊かさ」を前提としていると見なすべきだろう。その上で、債権・債務者相互の「しあわせ」の含意が浮かび上がると考えられる。

それはともあれ、すべての出世証文が「出世」「仕合」という用語を事書に用いているわけではなく、あくまでも証文を分類する際の名称である。それゆえ、この証文の存在が歴史研究で忘却されているうちに、包紙上書や本文の記載を十分に吟味することなく、単純に金子借用証文に類するものとして「貸借」「金融」、稀には「奉公人」などの項目に分類して史料目録に掲載されている例は多数存在する。

たしかに出世証文は、一見すると金子借用証文と判断されてしまう。史料1の証文でも差出人は「預り主」とされているので、お金を借りている借用証文だと早計に理解してしまうことは十分にありうる。包紙の上書には出世証文とあるにもかかわらず、事書には「借用申す」云々、とあるような例も数多く残されている。したがって金子借用証文として判断しても、必ずしも誤りではない。また「奉公人」に分類された例も、出世払いという慣行の成立が奉公人の引負銀《ひきおいぎん》弁済問題にも密接に関わっていたと考えられることから〔宇佐美二〇〇八〕、これまた必ずしも誤った分類ではないと言える。とはいうものの、中田が早くからこの証文について論及していた事実を考えるならば、史料目録作成に臨んでは認識不足であったと認めざるを得ないだろう。

現在、全国には二五〇点を超える証文が伝来していることを確認できる状況に鑑みれば、史料整理の際に「出世証文」という分類項目を新たに設けるか、さもなければ、たとえ「貸借」や「金融」、あるいは「奉公人」に分類されて目録化されるとしても、（出世証文）などの注記を施すことが望ましい。このことは、今後留意してもらうとして、近江国の事例に則して証文の事書を整理してみると、表1のようになる。

前述のように管見の範囲で近江国の商人や組織（村、講、会所）、および他国在住の商人であるが近江商人の出店《でみせ》関係者だと推測できる者が、債権者・債務者・請人・証人などとして署名しているものは、一部の雛形《ひながた》（書式の見本）を含め一七五通確認している。本書ではこれを母数としている。この他にも史料の記述や包紙上書の記載などにより、当事者間で出世証文が取り交わされたと判断できる事例もあるが、それらはこの表には入れていない。また、史料を掲げずに存在を指摘している文献もあるが、原史料を確認できなかっためた、それらも含めていない。あくまでも現時点で原本や写真、史料集、報告集、論文などで本文を確認できた出世証文に限っている。証文には押印された正文も写書もあるが、区別はしていない。さらに史料1のように包紙上書と証文の事書が異なるものについては、事書の記載で整理している。

事書の概要

表1の番号は、その事書を持つ証文の初出順に示している。それぞれの初出年月日も当該欄に明記しているが、「事書表記」欄には原本の表記を記し、本書で引用する場合のようにひらがなや送りがなを施してはいない。またこの表は、一七五通の証文をもとに作成しているが、事書は七四通りの表現であることがわかる。事書は原文通りに翻刻しており、「差入《さしいれ》」と「指入」のように同意異字で表記されていると判断できるものも、原文表記の多様性を確認するためにすべての例を挙げている。

1番は後述の享保一一年（一七二六）三月八日のもの（57頁、史料6）であり、年次が記

証文数					証文数	分類	初出年月日
嘉永～慶応	明治元～10	明治11～20	明治21以降	無記載			
2					10	c	享保11. 3. 8
					2	b	宝暦10. 9. 7
2	2			1	19	a	明和 2. 8.18
					1	b	明和 3. 8
2				2	13	c	寛政 3. 8
					1	c	寛政11. 2
4	1				6	a	文化 2. 7. 6
					2	c	文化 2.⑧. 8
					1	b	文化11. 2
					1	c	文化12. 6
3					7	c	文化14. 4
					8	b	文政元. 6
					1	a	文政 6. 7
	2				3	a	文政 7. 4
2					4	c	文政10.12
					1	a	(文政12)
					1	b	天保 6. 3
					1	b	天保 6. 6
					1	b	天保 6. 8
					1	b	天保 8. 3
					1	a	天保 9.10
					1	c	天保10. 1
					1	a	天保15. 8
					1	a	弘化 3. 9

表1　出世証文の事書

番号	事書表記	時期別			
		寛延以前	宝暦～寛政	文化・文政	天保・弘化
1	覚	1	1	3	3
2	借用申金子之事		1		1
3	出世証文之事		2	6	6
4	預り申銀子之事		1		
5	一札之事		1	4	4
6	入置申一札之事		1		
7	出情証文之事			1	
8	差上申一札之事			1	1
9	差上申借用証文之事			1	
10	証文			1	
11	一札			3	1
12	借用申一札之事			2	6
13	出情証文一札之事			1	
14	仕合証文之事			1	
15	指入申一札之事			1	1
16	仕合返済金証文			1	
17	御借用申金子之事				1
18	滚代滞銀借用之事				1
19	借用申証文之事				1
20	滚代借用銀之事				1
21	出世証文一札之事				1
22	請取申金子之事				1
23	引負金出情証文之事				1
24	借用金出世証文之事				1

証文数					証文数	分類	初出年月日
嘉永～慶応	明治元～10	明治11～20	明治21以降	無記載			
1					1	a	嘉永 2. 6
1					1	a	嘉永 2. 9
1					1	c	嘉永 4. 3
3					3	c	嘉永 6. 9
1					1	b	安政 3. 6
1					1	a	安政 4. 9.28
1					1	c	安政 5. 6
2					2	a	安政 6. 2
1					1	c	万延元. 6.
1					1	b	文久元. 5.
1					1	b	文久元. 9. 2
1					1	c	文久元.12
1					1	a	文久 2. 2
1					1	a	文久 2. 4.18
1					1	b	文久 2. 9.26
2					2	b	元治元. 8
2					2	a	元治元. 9
1					1	b	慶応元. 7
1					1	c	慶応元.11.
1					1	b	慶応 3. 2
1	1				2	a	慶応 3. 7
1					1	a	慶応 4. 2.13
1	1				2	a	慶応 4. 7
	1				1	c	明治元.12
	1				1	c	明治 2. 2

番号	事書表記	時期別			
		寛延以前	宝暦～寛政	文化・文政	天保・弘化
25	出世金証文之事				
26	出精証文一札之事				
27	御礼一札之事				
28	差入申一札之事				
29	借用申金子証文之事				
30	入置申出世借用金証文之事				
31	引負一札之事				
32	借用申金子出世証文之事				
33	差入置申候一札之事				
34	就借用金入置申証文之事				
35	御恩借金子証文之事				
36	助成申受一札之事				
37	出世金子証文之事				
38	指入申出情証文之事				
39	差入置申借用証文之事				
40	借用申金子一札之事				
41	差入申出情証文之事				
42	借用証文之事				
43	差入申配当金之事				
44	恩借一札之事				
45	差入申出精証文之事				
46	出精証文之事				
47	指入申出世証文之事				
48	差入申証札之事				
49	指入置申一札之事				

証　文　数					証文数	分　類	初出年月日
嘉永～慶応	明治元～10	明治11～20	明治21以降	無記載			
	1				1	a	明治 2. 3. 4
	1				1	c	明治 3.⑩
	1				1	c	明治 4. 6
	1			1	2	a	明治 4. 8
	3				3	c	明治 4.11
	1				1	c	明治 5. 5.30
	1				1	a	明治 5. 5
	1				1	a	明治 6.10
	7	10	3		20	c	明治 7. 7.14
	1				1	a	明治 7. 9
	1		1		2	a	明治 8. 2
	1	2			3	a	明治 9. 9.10
		1			1	a	明治17. 8.11
		1			1	c	明治17.11
		1			1	a	明治18.11.17
		1			1	b	明治19. 3. 1
		1			1	b	明治20.11.21
			3		3	b	明治21. 3.29
			1		1	c	明治21. 4.30
			1		1	a	明治21.12
			1		1	a	明治22. 2
			1		1	a	明治23.10.10
			4		4	a	明治37. 3.26
			1		1	a	明治37. 3.26
				1	1	c	無記載
43	29	17	16	5	175		

番号	事書表記	時期別			
		寛延以前	宝暦～寛政	文化・文政	天保・弘化
50	金子借用申出世証文之事				
51	身元立直証文之事				
52	指上置申一札之事				
53	差上置申出世証文之事				
54	証文之事				
55	差入申証券之事				
56	出精証之事				
57	差入申出世証文之事				
58	証				
59	借用金出情ノ証				
60	出世証書				
61	出世証				
62	出身之上返済約定証				
63	記				
64	出情証書事				
65	借用証書				
66	無利足借用証				
67	借用証				
68	成立証				
69	甲号御恩借出世証文				
70	出情証文				
71	引負金出情証書				
72	出世証文				
73	出世証文壱巻				
74	差入申金子一札之事				
	計	1	7	26	31

された下限は明治三七年（一九〇四）三月三〇日のもので、「出世証書」（60番）「出世証文」（72番、二通）と表記された三通である（日野町所蔵写真・「浦田昭蔵家文書」）。浦田家では72・73番の事書「出世証文」「出世証文壱券」も明治三七年三月二六日に作成されている。74番「差入申金子一札之事」には年月日の記載はなく、雛形に類するものと思われる。債務発生原因が「奉公中御借用給金差引尻」とあり、奉公中の給金よりも店から借用した金子の方が上回っていたのであろう。この証文も他の年月日の記載を欠く三通（3・6番）と同じように近世期のものであると推測している。

これらの事書の表記に着目すると、「出世証文之事」（3番）と記すものが一九通あり、これが二番目に多いことも判明する。最多数の表記は「証」（58番）とのみ記す二〇通であるが、これは明治七年七月一四日のものを初見としており、すべて明治期に至ってからの表記である。

ただ出世証文が仕合証文とも称されたとする通説を勘案するならば、文政七年（一八二四）四月のもの（14番、81頁表5の7番）が最も古く、明治期のものを含め三通のみであることから、近江国では事書としては少数の表記であった。もっとも、包紙上書にも着目すると前述の史料1（26頁）があり、明和二年（一七六五）八月まで表記の初出時を遡ることはできる。このように事書は異なるものの、その証文が出世証文・仕合証文であると包紙や帯封《おびふう》に上書きされている例は、他にも多く残されている。

一方、事書に「出世」「出精」「出情」「仕合」「出身」などの同じ意味を指していると判断できる文字を含む証文（分類ａ）は六七通存在し、全体の三八・三％を占めている。「借用」「預り」「恩借」などの文字を含むもの（分類ｂ）は二九通で一六・六％、その他の多様な表記（分類ｃ）は七九通で四五・一％という比率になる。「出世」と「借用」が並記されている証文もあるが、それらは「出世」の方にまとめている。ただし、事書には「出世」などの文字はないが包紙上書に「出世証文」などと記されているものがあり、それらを加えるならば三八・三％の比率はさらに高くなるが、ここでは加算していない。

このように出世証文の事書には多様な表記があったが、全体としては出世証文と一見してわかる事書が明和二年（一七六五）八月一八日に現れ（3番）、文化二年（一八〇五）七月六日のもの（7番）以降、「出世」の借字である「出情」「出精」などの文字を含んだ事書をもつ証文が出現し、明治期にも作成されていることから、「出世払い」を意識した表記が近江国内に定着していたことがわかる。とりわけ化政期以降に多様な表記の事書が現れ、一点の証文しか確認できないような事例が多数を占めるようになる。

また、明治期に入ると証文の表記は「…之事」と記すものが少なくなり、「証」「証書」の文字を用いるものに変化していることも明らかである。このことは、出世証文に証紙が貼付されているものが出現することと軌を一にしており、明治期以降の金銭借用に際する書式の統一化と密接な関係を持つようになったことを反映させていると思われるが、ここでは特に触れない。

ともあれ出世証文は、書式として「出世証文之事」という事書を必ずしも書くわけではなかったことは歴然としている。しかし、この証文の本文に含意されていること、すなわち債務を出世払いするという慣行が、近江国内では近世中期以降に確実に定着していたことを示すものと考えてよいだろう。

出世証文の定着化

個別の商家で出世証文が取り交わされるのは、当主の意向によって左右されたようであるが、これは後述の商家の事例から推測できる。また、出世証文は近世社会で成立・定着したが、現代でも法的効力を認められた文書として存続している。このことは、近世社会において出世証文を手交するという新しい慣行が成立し、多くの人々が有意義な行為だと次第に認知するようになり慣習化したということを意味している。ただどのような現象をもってそう言えるのか、ということを説明するのは決して容易ではないが、一つの史実を提示することはできる。

幕末期のものと推測できるが、河内国の村役人取扱い文書の雛形集には、出世証文が例示されている〔『寝屋川市史』第五巻〕（関西大学図書館蔵「河内国丹北郡谷川家文書」など）。

このことは、当該地域では出世証文の雛形が村方で作成されるほどに出世払いの慣行が浸透していたことを示すものであろう。

その史実に鑑みるならば、近江国の個別家の例では、時期が異なり複数の人物と取り交わされているにもかかわらず、証文文面がほぼ同文になっているものを確認することができる。したがって個別の商家では、家限りで雛形のような書式ができていたと言えよう。たとえば、上州桐生《きりゅう》（群馬県桐生市）を主たる商圏としていた蒲生郡日野岡本《おかもと》町（日野町）の矢野久左衛門《やのきゅうざえもん》家の例は次のようである（日野町所蔵写真・満島氏旧蔵「矢野久左衛門家文書」）。この証文には年次が記されていないが、表1の53番の一通である。

〔史料4〕

差上げ置き申す出世証文の事

一　――――　内、金何程差入申し候引残り

一　――――　利足二ケ年差入れ、余ハ不納

右金子の儀は、去る文久元戌年（ママ）、相州出店類焼仕り、立行出来難く候処、格別の御勘弁成し下され有り難き仕合に存じ奉り候、然る上は御引き合いの通り、追々御入金仕るべく候処、其の後引き続き不仕合にこれあり、必至と難渋心配仕居り候折柄、去る未年（明治四カ）二月中、又候《またぞろ》出店方焼失仕り、如何とも当惑仕り、最早《もはや》手段もこれなく候処、

出格《しゅっかく》の御仁恵を以て、書面の金子、此末永く置き据《すえ》に成し下され、誠に以て重々有り難き仕合に存じ奉り候、然る上は御恩恵聊《いささ》かも忘却なく少しも仕合の時節に相至り候はば、急度《きっと》入金仕るべく候、後日のため差上げ申す一札、よって件の如し

【右の金子（の弁済）は、去る文久元年に相州の出店が類焼したため商売するのが難しくなっていたところでしたが、格別にお許し下されありがたき仕合わせに存じます。それゆえ、追々にお支払いするべきですが、その後も不仕合わせが続き困窮し、（弁済できないと）心配していた折から、去る未年二月中に再び出店が焼失し、最早弁済の手段もなくなったところ、残金は格別のご仁恵をもって永年の置き据えにして下され、誠にありがたき仕合わせに存じます。このご恩恵はいささかも忘れることなく、少しでも仕合わせを得た時には、きっとお支払いします。】

文面から推して、かつて債務額が明記された正式な出世証文が作成されたと思われるが、その証文は現存しない。ただ、事書と本文中の「出格の御仁恵を以て」以下の文面がほぼ同一である明治四年（一八七一）八月付けの出世証文が残されている。それゆえ右の雛形は、明治四年の出世証文を手本としていたと推測できる。

このように、同じ商家のなかで同一の文面で証文が作成されている例は皆無ではない。もう少し厳密に述べるならば、同じ人物が当主（債権者・宛名人）である時期に多い。ま

た「差入申出精証文之事」（45番）と「出精」の文字を用いて事書する証文は、嘉永二年（一八四九）九月のもの（26番）が初出であり、他に46・56番のものがある。このうち26・45番の二通は、いずれも神崎郡北町屋《かんざきぐんきたまちや》（五個荘町）の市田太郎兵衛《いちだたろうべえ》家に伝来している（表12）。それぞれ差出人は別人であることから、当家では使用頻度の高くない「出精」の文字を用いていたと言える。もっとも、「出情」と記す証文も残されていることを勘案すると、むしろ「出世」と書かなかったことが特徴だとも言える。

いずれにしても、当主が代替わりすると事書の書き方だけでなく、微妙に本文の文面が異なることを考慮するならば、必ずしも家として固有の雛形書式を持っていたわけではなさそうである。それゆえか近江国内に共通した証文雛形集が存在していたという証跡は、いまだ確認できない。しかし近江国においては、出世証文を取り交わすことが定着していたと判断することは、表1を見ても間違いないだろう。

証文の請人・証人の役割

ところで、さまざまな証文には、本文に記された約束事を果たすために請人や証人が連署・押印している例は多い。とりわけ金銀貸借の場合、当人が約束を履行しない時に、請人たちが代わりに弁済する旨を書き入れて証文が手交されるのは、全国的に共通したことである。したがって、係争に至った際に公裁機関が裁許を申し渡すことになれば、証文の文面に則して判断された。

ところが出世証文では、必ずしも請人や証人が連署・押印していないことの方が多い。本書で用いた一七五通のうち九一通の証文には請人などが連署していない。その比率は五二%であり、債務者のみが署名する証文と債務者・請人たちが連署するものは、ほぼ半数ずつであった。このことは、出世証文は当事者間の信義則《しんぎそく》（信頼・信用）が強く働く関係のなかで交わされるものだったからだと思われる。債務者本人のみが署名するだけで出世払いを債権者が了承できるならば、請人たちの連署は必要ないだろう。しかし、出世払いを実現する可能性が低いと思われる場合には、請人たちが連署して証文が作成されたのではないかと推測しているが、確証ある判断は保留せざるを得ない。いずれにしても、請人や証人はどのような役割を帯びた立場であったのだろうか。事例を紹介しておこう。

請人・証人のもとに残る出世証文

寛政六年（一七九四）閏一一月に犬上《いぬかみ》郡高宮《たかみや》（彦根市）の中村善《なかむらぜん》兵《べ》衛《え》が大鶴屋《おおつるや》九蔵に差し出した出世証文の記述である（「馬場武司家文書」）。馬場家伝来の出世証文については別稿で翻刻しており〔宇佐美一九九八〕、また後にも一章を設けて検討するが（100頁）、ここでも一通の証文を示しておく。

〔史料5〕

覚

合銀拾四貫九百五拾九匁六分六厘也

右の銀高、私不如意に付き、近江屋利左衛門殿・中村治兵衛殿・森田金兵衛殿を以て御頼み申し上げ候ところ、出世致し、追々銀子《ぎんす》差し入れ申すべき様御了簡（ママ）御付け下され忝く存じ奉り候、然る上は多少に限らず毎年金弐歩にても壱両にても、廻り合い次第出精致し追々差し入れ申すべく候、右中村善兵衛、此以後出精致し、銀子出来次第、我々ども世話致し差し入れさせ申すべく候、後日のための出世証文、よって件の如し

寛政六年寅閏十一月

江州高宮
借り主　中村善兵衛（印）

同所
証人　近江屋利左衛門

江州石馬寺
同　中村治兵衛

江州日野
同　森田金兵衛

大靏屋九蔵

【私中村善兵衛は、貴方に銀一四貫九五九匁六分六厘を弁済しなければなりませんが、

経済的に苦しい状況にあるため、近江屋利左衛門・中村治兵衛・森田金兵衛殿を通じて弁済猶予をお願いしたところ、出世してから追々に弁済するようにとご了解して下され、かたじけなく存じます。これからは精を出して（働き）、毎年金二分・一両なりとも巡り合わせ次第に返済します。中村善兵衛がこの後に出世して（支払うべき）銀子ができ次第、私どもが世話をして弁済させます。】

この証文で注目される一点は、出世と出精の文字が併用されていることである。返済年期を限らないで出世払いすることを約束している出世証文であることは、本文末尾からも明らかである。ただ一方で精を出して働き、「多少に限らず毎年金弐歩にても壱両にても、廻り合い次第出精致し追々差し入れ申すべく候」と書かせている。文面通りならば、少額であろうとも、年賦《ねんぷ》払いを強制しているとも読めないことはない。しかしその一節は、やはり精を出して働くこと、すなわち家産再興に向けて努力することの意思を表明させているものと考えるべきだろう。「出世」証文が、時として「出精」証文とも表記されることは、「世」は漢音で「せい」とする音であることもさりながら、出世することは精を出して努力することと通底することであったからでもあろう。

貸し主と借り主

さて、右の証文が大鶴屋九蔵に宛てて中村善兵衛が差し出したものであることは、歴然としている。証文を伝来させている馬場家（近江屋）は、大靏屋でもなく債務者（借り主）でもない。それにもかかわらず馬場家に残されているのは、近江屋が証人であったことに由来するのだろう。善兵衛は押印しているものの、証人たちは押印していないことから、これは出世証文の正文とは言えない。しかし、善兵衛が押印している以上、単なる写しということもできない。おそらく正式な正文は大靏屋に差し出されており、善兵衛は同文のものに押印して証人たちにも渡したものと推測できる。したがって、中村治兵衛、森田金兵衛にも善兵衛が押印した証文が渡されたのではないだろうか。

このように証人や請人たちにも出世証文の写しが渡されることが一般的な行為なのかと言えば、そうではないと思われる。他にはほとんどこのような例はなく、通常は債権・債務者間で手交され、何らかの事情がある場合には証人・請人たちにも写しが渡されたものと思われる。

大靏屋九蔵は馬場家の他の史料から大坂天神橋の麻問屋だと思われ、善兵衛が近江上《おうみじょう》布《ふ》を産出している高宮の商人であることから、彼は麻糸ないし麻布に関わる商業を営んでいたのではないか。そして大靏屋が大坂商人であったことから、仲介人を介した出世払いの交渉を考え、それを受けた近江屋利左衛門以下の証人は、出世払いを認めてもらえるように働きかけた者であった。それゆえ、出世証文の本正文とは別途に本人が押印した写しが作成され、証人たちに渡されたのではないか。もっとも馬場家の史料では、大靏屋九蔵の名前は、文政期初頭以降の薬種取引関係の仕切状《しきりじょう》・商用状にしばしば確認できることから、大靏屋と馬場家の間にも商取引があったことは確実である。この限りでは、善兵衛は麻糸・麻布ではなく、薬種の取引をしていたのかもしれない。

それはともあれ、証人として連署している三名の人物は、出世払いの仲介をしたことと併せて、「此以後出精致し、銀子出来次第、我々ども世話致し差し入れさせ申すべく候」と記している。本文は「私（中村善兵衛）」と「我々ども」が併記されている文章になっているが、「我々ども」が三人の証人を指すことは明らかであろう。そしてこの証人たちは、善兵衛が弁済すべき銀子が出来次第に「世話致し差し入れさせ」ることを約束していることも明らかである。

出世を観察する人

文化一二年（一八一五）六月に、丹州峯山上《みねやまかみ》町（京丹後市）の壺屋《つぼや》太兵衛が江州坂田《さかた》郡列見《れつけ》村（長浜市）惣助、および同州浅井《あざい》郡曽根《そね》東福寺《とうふくじ》村（びわ町）半右衛門宛てに差し出した出世証文は、銀六貫目の債務弁済にかかるものであった（「大橋悦男家文書」、後掲150・151頁の表13の3番）。そこでは、請人として同町の紺屋市左衛門が連署・押印をしているが、「この末相応の商売も仕り候はば、その節きっと返済仕るべく候、もし商売相応仕り候上も末埒（不埒《ふらち》）に仕置き候はば、右証文加判の者罷《まか》り出で取り立て、埒合い仕るべく候、これにより出世証文加判仕置くところ、後日のため仍って件の如し」と記している。この事例でも請人である紺屋は、壺屋が相応の商売ができるようになっても一向に弁済しないようであれば、自らが取り立てて弁済させると約束している。

このように、本人とともに連署・押印している者たちは、債務を代理弁済するのではなく、あくまでも債務者が弁済できるようになった時点でなお放念《ほうねん》しているのであれば、債務者から銀子を取り立てて支払うことを約束しているのである。すなわち、彼らは、債務者が債務を弁済できるほどに家産を再興したのかどうかを観察し続け、再興したと判断すれば、それはとりもなおさず債務者が出世したのであるから、当然債務を弁済すべきであると見なし、証文に記した信義則を守らせることを債権者に保障する役割を果たしているのである。

出世したかどうかの判断

したがって、このような請人・証人の立場を勘案すると、出世したかどうかの判断は、基本的には出世証文を提出した本人に委ねられていたとみられる。それゆえ、この証文を手交する当事者間には、信義を重んずる精神が存在したと言える。とはいえ、出世した状態は主観的にしか判断できないとすれば、出世したことを自分では認めない者が現れることもまた、浮き世の常であろう。たとえ悪意があってのことではないにしても、客観的に見て生活を維持していく上でかなりの余裕ができてもなお、債務を弁済する姿勢を見せない債務者が存在することも想定できる。

債務者が信義則を全うすることに疑念を抱くならば、あっさりと公権力に訴えて裁許してもらう方が得策であろう。しかし、訴訟の手続きや裁許までの時間や費用のことを考えるならば、公権力に頼ることなく当事者を交えた第三者の判断に任せることも有意な選択肢だと言えよう。出世証文に連署・押印している請人や証人は、このような債権者側の不安感・疑念を取り除く役割を担っているにすぎず、代理弁済の義務はなかったと考えられる。

証人たちによる弁済

請人・証人には代理弁済の義務はなかったと思われるが、何事にも例外がないわけではない。一七五通の出世証文の中で一例は、

保証人による弁済が定められている。これは明治二四年（一八九一）二月一二日に神崎郡旭《あさひ》村大字奥《むらおおあざおく》（五個荘町）の本人と証人が連署・押印して同村大字木流《きながせ》に差し出した「証」である（「木流共有文書」、表1の58番）。

この出世証文は、木流村有の田地を小作していた人物が、前年分の小作料を納めなければならない時期に病気に罹り納租できなかったため、出世払いにしてもらったものである。納めるべき貢租米代は八円二五銭であったが、「家財一品だも残さず売却」した三円と紫花代五〇銭を納め、残額四円七五銭について「金円を返済し得べき資力に回復出世候」ま

で待ってもらい、「返済し得べき位置に回復」したならば、すみやかに弁済するとしている。このような本文の流れは他の出世証文と変わりはない。

ところが、注目されるのは、「まんいち本人十目《じゆうもく》の視るところ返済し得べき回復に至り、不当にして返済致さずなどこれあり候節は、保証人より返弁仕るべく候」と定めていることである。さらに続けて「かつまた、本人証人の者より本証物額に対し、金五拾銭を明治廿《にじゆうよ》四年中に返却仕り候ときは、此の証書御返還成し下され候事御承諾にこれあり候」と記されている。すなわち、債務残額の一部にすぎない五〇銭を年度内に弁済すれば、この「回復出世返却証（包紙上書）」は本人の元に返戻《へんれい》されるという取り決めになっていた。

この事例は、保証人に代理弁済する義務を課している点や、債務残額の一部を期限内に弁済すれば証文が破棄されることになっているなど、一般的な出世払いの方法とは大きく異なっている。その理由は判然としないが、債権者が木流村であり、小作料の未納であって、個人間で発生した債権・債務関係ではないがゆえに、寛大な措置をとっているのかもしれない。大字は違えど同じ村の住民でもあり、債務者は家財を売却してしまい病弱で困窮している実情に鑑み、わずかの額でも弁済したならば、その行為（誠意）に皆済《かいさい》の意思を汲み取ろうとした温情が反映されている。もちろん、この証文が木流共有文書として残されていることは、本人も証人もともに五〇銭すら弁済できなかったことを示しているが。

出世払いの方法

出世証文が日本社会に登場するのは、一八世紀の前期であると考えられてきた。中田薫の説に依拠するならば〔中田一九二五〕、幕府法で分散者に対する跡懸《あとが》かり権が保証されるのは寛保元年（一七四一）であるため、この年以後の年紀を持つ出世証文が伝来すると推測することが許された。拙著でも、管見の範囲では宝暦四年（一七五四）一一月に作成された「預り申銀子の事」（京都大学総合博物館蔵「上河家文書」）が初見であると述べた〔宇佐美二〇〇八〕。

初出の出世証文

しかし、現時点ではこの年紀を遡る数点の証文が上方に伝来していることを確認しており、改めて小早川欣吾が述べていたことを再評価する必要がある。ただし小早川自身も、出世証文が一体いつ頃に成立するのか、何が成立の要因であったのかについて触れることはなかった。管見の範囲で、近江国に伝来した出世証文の初見として考えているものは、八幡《はちまん》商人岡田家のものである（「岡田家文書」、37頁掲載の表1の1番）。この証文は、単に近江国だけでなく、現時点では全国に残された出世証文の初見例だと考えている。

〔史料6〕

覚

一銀七百四拾四匁九分也

右はこの度御引立に御恩借下され、慥《たし》かに預り申し候、私方仕合《しあわせ》を以て急度《きっと》御返済申し上ぐべく候、已上

享保十一午年三月八日（一七二六）

奈良屋

九郎兵衛（印）

岡田弥三右衛門様

同　小八郎様

【右の銀子七四四匁九分は、このたび特に目をかけてお貸し下され、確かにお預かりしました。（このお金は）私が仕合わせを得た時にきっと返済します。】

この証文は、預かり銀については「仕合」を得た時に返済するとしている銀子借用証文であることが明らかである。しかし何が原因で借銀をするのか、その理由は明記されてい

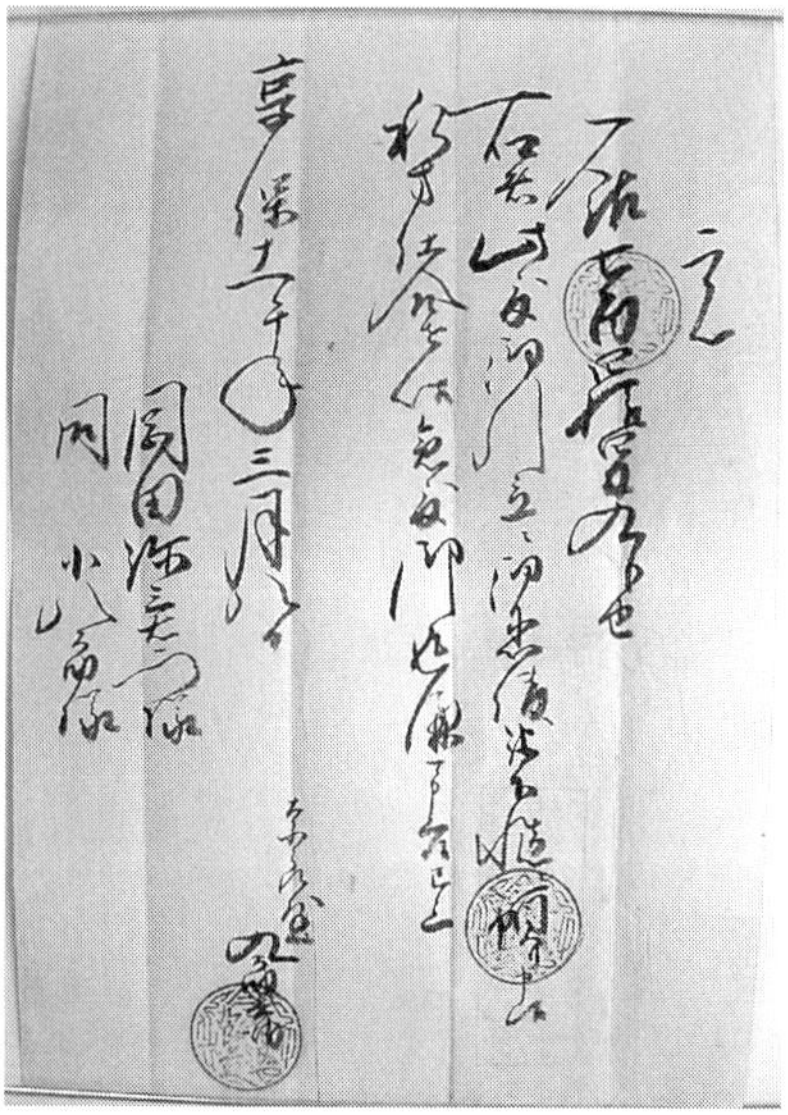

図4　初見の出世証文（滋賀大学経済学部附属史料館蔵「岡田家文書」）

ない。前述の史料1（26頁）や他の多くの出世証文は、借用金銀の返済が難渋した時や商品代金の滞りなどで家計・経営が破綻状態に陥った時に、当事者の間で手交されるが、そのような困窮状況も記されない簡略な表現にとどまっている。したがって、奈良屋が経営破綻状態にあるのかどうかはわからない。

出世借用証文

また、次の史料は文化八年（一八一一）一二月のものであるが、同様の書式となっている（「大橋悦男家文書」150・151頁表13の2番）。

〔史料7〕

覚

一金子壱両也

右借用申し候、我等出世仕り候はば、急度返済申すべく候、以上

文化八年未極月

飴屋
孫兵衛(印)

曽根村
大橋半右衛門殿

【金子一両を借用しました。(このお金は)私が出世しましたらきっと返済します。】
この例は、借用金額もわずか一両であり、何らかの事情で嵩《かさ》んだ債務を合算した金額とは思えないところから、当初から出世払いするという約束で手交された証文だと考えられる。債権者側が貸し与えた金子は少額であり、いずれ返済されるだろうという信頼・信用関係があった場合、右のような書式で金子貸借が行われたのではないだろうか。このように本文に出世したら返済するとのみ記してお金を借りているものを「出世借用証文」と名付け、類型化された一つの書式とすると、史料6・7の二通以外にも検討すべき証文はある。

すなわち、史料6には債務額に端数があることから、累積した債務を合計して、改めてこの証文が作成されたと考えられないこともない。しかし、史料7の債務額には端数がないため、この証文が作成された年月日にいずれ出世払いをするという約束だけで銀子貸借が行われたと見ることができる。このような貸借は一般的に高額な場合を想定しがたいもの、後に一章を設けて紹介する松居久左衛門《まついきゅうざえもん》家では、五〇〇〇円の出世借用書式の証文が残されている（127頁）。

ともあれ、右に掲げた二通の証文の書式は同一だと見なしてよいだろう。すなわち、奈良屋九郎兵衛が記す「仕合を以て」は、飴屋孫兵衛の「出世仕り候はば」と対応する表現だということも明らかだろう。したがって、この二通の証文も出世証文だと判断することは許されるだろう。岡田家に伝来している一七世紀中葉以降の数多い金銀借用証文は、返済期限や利足が明記されたり、不動産を担保として作成されており、奈良屋の事例のみが例外の一通である。また、大橋家伝来の出世証文については後にも取り上げる（146頁）。

出世証文の二つの書式

ところで文政元年（一八一八）六月に、神崎郡五位田《ごいで》（五個荘町）の武兵衛と請人二名が連署・押印して同郡中村梅原利助に差し出している「借用中す一札の事」（「梅原家文書」）と事書している出世証文は、「返済の儀は、私出情次第に元利とも急度《きっと》返済仕るべく候」と記している。一見すると利付きの出世証文のようにも見えるが、これは出世証文を手交するまでの、借用金の元利の返済滞り分を意味していると考えられる。債務額は金一〇両二分であるが、それは「引残り」分だとしているところから、そのように理解してよいだろう。先に「出世借用証文」と名付けたうちの奈良屋の証文は、実はこの武兵衛のような事例ではないかとも考えられる。

いずれにしても、出世証文の書式には、大別して前述の史料6と史料1の二通りのもの、すなわちたんに出世したら返済するとして金子を借用する書式と、今までの嵩《かさ》んだ債務を出世したら弁済すると約束する書式の証文が存在すること、そして作成年代に鑑みると、出世証文は史料6のような書式が始原的なものであり、出世払いという慣行が定着するにつれ、次第に種々の要素が書き加えられるようになったのではないかと思われる。

債務全額の出世払い

出世証文の書式は、右に述べてきたように本文が簡略（一、二行程度で記される）か、債務発生の原因や難渋状態まで記すかの大別して二通りであるが、その証文が取り交わされる際の弁済状況について書き込んだ個所に注目すると、今少し細かい分類ができる。そこで史料を掲げる（東近江市近江商人博物館蔵「市田太郎兵衛家文書」）。

〔史料8〕

指入れ申す出情証文の事

一金七拾五両也　高四百両の内元金滞分
一金百四四両也　安政三辰年（一八五六）七月より万延元申年（一八六〇）十月まで四年四ケ月、年
六朱利足滞り
右の通り先年より御恩借の金子に付、此の度元利共残らず御返金仕るべき所、近年不

如意に付、よんどころなく出情証文に御願申し上げ候所、御承知下され一統有り難き仕合《しあわせ》に存じ奉り候、これにより向後子孫に至る迄御厚情の段いささか忘却仕り間敷候、なお家業筋入精《にゅうせい》致し出情仕り候はば、いささか宛《ずつ》にても御返金仕るべく、もっとも相応の身分に相成り候はば急度御返弁致し、御恩報い仕るべく候、後日のための連印出情証文、よって件《くだん》の如し

文久弐壬戌年(一八六二)

四月十八日

与左衛門(印)

悴

仙次郎(印)

請人

与兵衛

同

洞太郎(印)

市田太郎兵衛殿

【先年からお借りしているお金は、このたび元利ともに全額を返済しなければなりませんが、近年経済的に苦しいため、出世証文に書き換えることをお願いしましたところご承知下され、一同ありがたき仕合わせに存じます。この後は子孫に至るまで(こ

のたびの）ご厚情を忘れることはありません。いっそう家業に精を入れ出世しましたら、少しずつでも返金します。もっとも、相応の（生活ができる）身分になったならば、きっと返済してご恩に報います。】

右の与左衛門の債務は、借用金の元利返済滞りによって発生している。もともとは四〇〇両を年利六朱で借り、元利を返済していたのだろうが、元金分はある程度返済したものの、利足は支払うことができなかったようである。借用したのは安政三年七月以前であったと考えてよいが、家計が「不如意」に陥ったのはそれ以降のことであったと思われ、利足を払えなくなったのだろう。

出世証文には、少しでも返済できる状態になれば、「いささか」ずつでも支払うが、「相応の身分」になれば必ず弁済するとしている。太郎兵衛の厚情に対しては、子孫に至るまで忘却しないとも言っており、当人の与左衛門だけでなく、倅の仙次郎まで連署・押印していることは、出世払いは倅にも課された義務だと受けとめられていたのだろう。

債権・債務関係の発生原因は多様であるが、ここでは嵩んだ借金の元利滞りを総計し、その全額を出世払いとする証文が作成されていることが明らかである。

債務者が出世払いを債権者に願い出るのは、もはや債務を約定の条件で弁済・皆済するだけの資力がなくなった状態に立ち至った時であろう。そして、弁済方法について債権・債務者など当事者の話し合いが行われ、出世払いを議論の俎上にのせることになる。

債務を一部弁済して出世払い

前出の例では、出世証文を取り交わす時に当座の支払いは行われていないが、一部を弁済して出世払いを約束する事例も少なくない。次にこのような例を紹介する（東近江市近江商人博物館蔵「猪田昭二家文書」）。

〔史料9〕

出情証文の事

一金百両也　代呂物《しろもの》代滞り金也

右の内金五拾両也　勘介より弁金《わきまえきん》

又　同弐拾五両也　此の度相渡す

并　畑二畝　右同断

〆

右の通り代呂物代残金相滞り候に付、此の度前件の次第相渡し候所、御勘弁を以て埒済まし成し下され候段、忝き仕合わせに存じ奉り候、然る上は右残り金の処、自然私

壱代の内出情仕り候はば、相成るだけ返済仕るべく候、後日のための出情証文、よって件の如し

嘉永二年（一八四九）己酉四月　　　　　　　　勝右衛門（印）

村（簗瀬）

猪田情（ママ）八殿

【右の通り商品代金の残金支払いが滞っているため、このたび勘介からの弁済金と当座の支払い金、および畑二畝をお渡ししたところ、お許しをもって解決済みにして下され、とても仕合わせに存じます。この後は返済できなかった残額は、私一代のうちに出世した時は、なるだけ返済します。】

右の債務は商品代金一〇〇両の滞りであったが、これを弁済するために「勘介」（この人物は不明）が五〇両弁済し、残りのうち当座払金として二五両と畑二畝《せ》を神崎郡簗瀬《やなぜ》村（五個荘町）の猪田清八に支払っている。畑二畝がいかほどの評価額になるのか明記されていないが、債務総額から一部の弁済を行った残りの額が出世払いとなっている。

このように、出世証文を取り交わす際に、嵩んだ債務の一部を現金で支払い、残りの債務を年賦払いにしたり、有物《ありもの》があればそれを渡したり、あるいは一部の債務を免除してもらい、それらの残額を最終的に出世払いすると記す証文が残されている。ここでは、当初

の債務全額を弁済すると約定されなくても出世証文は取り交わされることを確認しておく。

債務発生の原因

出世証文のほとんどには債務の発生原因と債務額が記されているが、なかにはそれらを記していないものも存在する。本書で依拠した出世証文一七五通のうち、債務発生原因を明示していないものは三通ある。また、もともとの程度の商品代金の滞りや借用金額があったのか定かではない証文も一〇通あり、出世証文を取り交わす段になって、最終的な債務額が判然としないものが八通ある。六通は当初の債務額も最終的な債務額もいずれも書かれていない。当事者間では了解していたことは疑いないが、ある意味で融通無碍《ゆうずうむげ》な文面で出世払いは約束されたとも言える。

とはいえ、いずれも形式上は金銀借用証文であり、何らかの理由で金銀を借用していることを示す内容であることは間違いない。初めて借用したのか、元利や買懸金《かいかけきん》が嵩んで返済できない状態に至ったのか、また元利はそもそも何の目的で借用したことで発生したのか、具体的に明らかにできないものもあるが、大まかに分類すると「借用金銀」「商品代金」「奉公人引負・借越金」「名目金《みょうもくきん》・講銀等借用」「商用」「小作・貢租」の弁済滞りとなる。これらの点数は、それぞれ次のようである。

①借用金銀―九八通、②商品代金―三五通、③奉公人引負・借越金―三二通、④「名目金・講銀等借用」―九通、⑤商用―六通、⑥小作・貢租―四通

右の総計は一八四通となり、利用している一七五通を超えているが、これは文面から借用金と商品代金などが併記されている場合、双方に数えたからである。このうち「借用金銀」には、債務発生原因を明示しない三通を含めている。また、「商用」と分類したものは、この借用金が明確に商業活動に充当されたと判断できるものに限っている。

これらは、後に見る松居久左衛門家（114頁）・市田太郎兵衛《いちだたろうべえ》家（132頁）・大橋半右衛門《おおはしはんうえもん》家（146頁）のものにも見られるが、ここでは神崎郡川並《かわなみ》村（五個荘町）加地源左衛門《かちげんざえもん》家の例を紹介しよう。

〔史料10〕

差し入れ申す証券の事

一金三千四拾九両弐分壱朱　　元金

内、金弐百五拾両也　　彦藩調達証文相渡す

又、金三百両也　　弐歩判相渡す

引て金弐千四百九拾九両弐歩壱朱

右は商売基金に借用申し候処、この度我等身上不如意に相成り、仕法《しほう》相立て難く候に付、段々御頼み申し入れ候処、無利足元金居成り永借御勘弁御承知成し下され、忝く存じ奉り候、これにより向後商売一廉《ひとかど》丹誠仕り、出世仕り候へば速やかに返済仕るべ

く候、万一我等在世中返済方行き届き申さず候節は、子孫へ申し伝へ、御恩忘却致させ申す間敷く候、後証のため差し入れ申す一札、よって件の如し

明治五年《一八七二》壬申五月卅日

借主
加地左一郎(印)

悴
同　定次郎(印)

証人
市田弥惣右衛門(印)

加地源左衛門殿

【右の元金は商売基金として借用していましたが、このたび私どもは経済的に苦しくなり、約束通り返済することが難しくなったので、(一部を弁済し、その変更を)お頼みしたところ、残額の二四九九両二分一朱を無利足の永借《ながかし》にすると承知して下され、かたじけなく存じます。これにより今後はひときわ心を込めて商売に励み、出世した時にはすみやかに返済します。まんいち私たちが生きているうちに完済できない場合は、子孫に申し伝え、ご恩を忘れさせないようにします。】

史料10には、債務はかつて「商売基金」として借用した金子であったことが明記されて

いる。この金子を借用した年月日や返済期限、あるいは利子などの条件はわからない。ただ、明治五年五月三〇日時点では「身上不如意」な状態にあり、もはや皆済は困難となったのであろう。そのため、この時点での元利を改めて「元金」とし、そのうち当座払いで「彦藩調達証文」と「弐歩判」の計五五〇両を弁済し、残額を無利足の永借という条件で出世証文が取り交わされている。

この例を補足説明するならば、借り主の加地左一郎は文政一一年（一八二八）生まれで、貸し主の源左衛門家から長男分家した者である。分家した年月は不明だが、明治五年当時は肥物商《こやしもの》であった。おそらく史料10にある商売基金としての元金は、長男分家をして肥物商を始めた時に借りたのではないだろうか。明治五年時の源左衛門家当主は、天保四年（一八三三）生まれの人物なので、左一郎の弟にあたる者である。源左衛門家は太物商《ふともの》であったので、左一郎は分家した際に本家とは異なる商売を始めたと考えられる。

開業後の子細は判然としないが、左一郎家は明治九年一二月には源左衛門家に同居していたことが判明している。同一七年時点では別の屋敷に転居して「雑」業に携わっていた。ただ、その当主は左一郎の息子のうち定次郎ではない人物であり、左一郎は隠居して宗順と称し、同一七年二月に没している（「木流共有文書」）。

以上のことから、史料10は、兄が弟に差し出した出世証文だということがわかる。その元金は、分家に際して先代の源左衛門である父が貸与したもの――分家時には形式上は借用金とするが、実質上は供与されていた可能性もある――と推測できるが、確証はない。また本文によれば、債務は忰の定次郎にも継承されるということになっているが、皆済されることはなかったのだと判断できる。

債務額の概観

それでは、出世払いする債務額はいかほどであったのだろうか。一七五通の証文を検討すると、出世払いを約束している債務額のうち最少額は、金では三分（預け金借用）、銀では一二〇匁一分（白木綿代）、円では前述の木流村の四円七五銭（小作米代未納）である（54頁）。一方、最多額は史料10の金二四九九両二分一朱（商売基金借用金）、銀では一九貫七三〇匁六分八厘（円満院《えんまんいん》名目銀《みょうもくぎん》借用）、円では五〇〇〇円（商法金借用）であった。債務弁済にあたっては史料9のように当座に金銀銭や畑などを取り交えて支払っているものもあり、正確な最終的債務額を算出できない事例もある。しかし、それらの不明な事例を除外した上で、金では一両未満、銀では一匁未満、円では一円未満の端数を切り捨てて出世払い額の分布を概観すると、表2となる。

この債務額の区分には特段に意味を持たせているわけではなく、便宜的なものである。たとえば事例件数に則して区分すれば、金では一一～三〇両とすれば一四件、五〇一両以上は一二件となり、数字としては他の区分と近似する。また銀高についても二～五貫目未満は六件なので、これを統合するならば平均額は三貫六六四匁になる。金円についても、他の区分は可能である。債務発生の原因を規準にした区分や地縁・血縁・職縁などの当事者の由縁をもとにした区分も考えられるだろう。そのことによって何らかの特徴が見られるかもしれないが、その試みはここでは行わず指摘するにとどめる。

出世の時期

ここまで出世証文を取り交わすことにより、債務を出世払いすることが当事者間で了解されたと述べてきた。また、出世した状態は主観的にしか判断できないとすれば、出世したことを自己申告するのが基本的なことではなかったかと指

表2　債務額の分布

債務額(両)	件数	最少額	最多額	平均額
1～10	15	1	10	6
11～20	9	14	20	17
21～30	5	21	30	27
31～50	10	31	50	41
51～100	13	52	100	77
101～500	19	111	500	271
501～1,000	5	520	835	714
1,001以上	7	1,025	2,499	1,597

債務額(貫)	件数	最少額	最多額	平均
1未満	6	0.120	0.748	0.582
1～2未満	6	1	1.703	1.379
2～3未満	2	2	2.642	2.321
3～4未満	1	3.751	3.751	3,751
4～5未満	3	4.290	4.910	4.531
5～10未満	9	5.400	8.206	5.831
10～20未満	4	14.950	19.730	17.526

債務額(円)	件数	最少額	最多額	平均
10未満	4	4	9	6
10～100	7	10	86	54
101～200	12	101	200	153
201～500	9	222	500	268
501～1,000	9	520	897	673
1,000以上	4	1,140	5,000	2,656

摘した。

しかし、出世して債務を一部なりとも弁済することが可能だと考える家計ないし経営状態は、一体どのようなことだと理解していたのだろうか。出世証文の文面を検討すると、ほとんどの証文は、単に「出世仕り候はば、弁済する」のように記すにすぎず、出世時の状態を具体的に表現してはいない。しかし、中には出世した時を、ある程度具体的に書き込んでいる証文もあり、それらの表現は表3のようなものである。

いささか数多く紹介したが、これらの表現から、出世するということの意味や具体的な家計・経営状態を推測することができる。

出世証文の大多数が商人の家に伝来していることからも推測できるように、ある程度の資産を蓄えることができた状態が出世した時である。それは人によっては普請《ふしん》をできるほどの資産の回復であるが、通常はとりあえず商売を続けることによって家名を相続させていくことができるようになった状態と意識されていた。そして、弁済すべき債務は、「私壱代の内出情仕り候はば」と一代で債務弁済を誓う者や、「子々孫々に至る」までのことと記す者もいた。これを「子孫文言」と仮称し、この言葉に子孫までの栄誉を担保にしていると考えているが、弁済するためには、自分と忰三人が成長するまでの期間としているような文面もある（表3の㉗）。とはいえ、債務が本人一代のこととして次代に引き継がれないか、子孫に負の遺産として相続されるかは、当事者間の問題として処理され、一様ではなかったと思われる。

以上の叙述では、近江国に伝来した出世証文を用いて、出世払いの様相を俯瞰《ふかん》してきた。しかし、紙幅の関係で説明を十分にできなかった点や捨象したことも多い。それらを補いながら、次に近江商人の家に残されてきた出世証文の具体例を紹介することにしたい。

表3　出世した時の表現

①家名相続出来候節
②家名相続仕候りはば
③商売相続仕り居り候内、年々出精に限らず
④出世仕り商売相始め候節
⑤出情致し商売相始め候はば
⑥相当の身分にも相成り候えば
⑦出世商売取り続き次第
⑧身代持ち立て候節
⑨身代持ち立て、か成りにも相続仕り候節
⑩渡世出来振り合い相付き候えば
⑪繰り合い出来候節
⑫取り続きに相成り候砌
⑬身上向き取り続き次第
⑭普請等も相成り候節
⑮相応の渡世仕り候節
⑯年々渡世向きかなりに相続仕り候上
⑰相応の身分に相成り候はば
⑱家銘相続見結び相立ち候上
⑲相応の成り立ちも仕り候はば、
⑳身上向き立ち直り候
㉑か成りの渡世致し候様相成り候はば
㉒稼ぎ出し身代持ち直し次第
㉓身元成り立ちの上
㉔相応の資力を有し候上
㉕先祖相続一家設立仕り候節
㉖拙者及び参人の小児成長にも及び候はば
㉗野生及び忰参人の小児成長次第
㉘相応の財産相蓄え候節
㉙行末家名引き立て候上

出世証文に分け入る

中井源左衛門・正治右衛門家

一七五通を数える近江国の出世証文であるが、それらを一通ずつ読み解くことはできないため、一〇通以上の出世証文を伝来させている商家に残されたものを明らかにすることで出世払いの具体像に迫ることにしたい。ただし、紹介にあたっては出世証文本文の情報だけでなく、包紙上書や関連する史料も用いることにしたい。まず中井源左衛門《なかいげんざえもん》・正治右衛門《しょうじうえもん》家を取り上げる。

中井家の創業と歴代

近世期の近江商人の中で最大規模の商家であったのは、蒲生郡日野大窪《おおくぼ》町（日野町）に所在した中井源左衛門家である。当家の経営の実態は、多くの論者によって明らかにされている〔江頭一九六五、小倉一九六二など〕。

初代源左衛門光武《みつたけ》は享保元年（一七一六）に生まれたが、家業の塗師屋《ぬしや》業は父光治《みつはる》が同

表4　中井源左衛門・正治右衛門家歴代

歴　代	名前(隠居名)	生年(西暦)	没年(西暦)	家督相続年(西暦)
初代　源左衛門	光武(良祐)	享保元(1716)	文化2(1805)	
二代	光昌	宝暦7(1757)	文化5(1808)	寛政6(1794)
三代＊	光熙	天明6(1786)	天保4(1833)	文化5(1808)
四代＊	光基・光茂	文化元(1804)	明治4(1871)	天保5(1834)
五代＊	光康(源祐)	天保10(1839)	明治44(1911)	文久元(1861)
六代	光忠			明治22(1889)
初代　正治右衛門	武成	明和2(1765)	天保9(1838)	寛政6(1794)
二代	武和	享和元(1801)	文久元(1861)	天保9(1838)
三代	武啓	天保2(1831)	明治7(1874)	文久元(1861)

出典：江頭恒治『近江商人中井家の研究』(雄山閣，1965年)．『稿本中井家史』滋賀大学経済学部附属史料館蔵．
注：＊は養子．

一〇年に四五歳で亡くなったことで家運が傾き、光武の幼少時代は生活に困窮したようである。しかし同一九年に初めて関東へ合薬の持ち下り商いを行い、一代で財をなした。創業時の手元資金は金二両であるが、叔父からの合薬代や遺金を加えた二〇両ばかりで豪商への第一歩を踏んだ。そして寛政六年（一七九四）七九歳で隠居（隠居名は良祐《りょうゆう》）し、二男光《みつ》昌《まさ》に二代源左衛門を襲名させた（表4参照）。

良祐は、同九年に近親四家に総額六万八〇〇〇両余を分与し、自己の隠居財産として一万八〇〇〇両余を手元に留保している。光昌が家督《かとく》を継承したのは、長男源三郎尚武《なおたけ》が病弱で早逝したことによる。隠居財産は、良祐が文化二年（一八〇五）まで長寿を保ったこともあって、三万両近くまで増加したものと思われる。したがって、初代源左衛門光武（良祐）は、元手資金二両から一代で一〇万両ほどの身代を築き上げたということになる。

中井家伝来の出世証文

光武が生糸・青苧《あおそ》・紅花や呉服・太物《ふともの》などを商う京都店を開店したのは天明八年（一七八八）のことであった。当初は四条富小路《とみのこうじ》西入る南側に借家して開店したが、二年後に室町錦下る東側に転居し、寛政六年（一七九四）六月に柳馬場《やなぎのばんば》押小路下るに土地・建物を買得して商売を行った。天明八年の開店時に三男の武成《たけしげ》を配置し、業務を担当させた。武成は明和二年（一七六五）生まれだと推測されているが、長じて正治右衛門と改名している。没年は天保九年（一八三八）九月である。彼は光武の子供の中では、最も聡明だと評されていた。

前述の財産分与により、京都出店は正治右衛門に譲渡され、彼は京都分家として一家をなした。したがって、正治右衛門家は一家として分析対象にすべきではあるが、二代目である武和《たけかず》の二男光康《みつやす》が、文久元年（一八六一）九月に日野本家を継ぎ、五代源左衛門を襲名したこともあって、正治右衛門家が三代目武啓《たけひろ》（光康兄）の代で閉店したため、同家の史料は源左衛門家に回収され、一体化した形で伝来している（滋賀大学経済学部附属史料館蔵）。

中井源左衛門家・正治右衛門家に伝来した出世証文類は表5に掲げたものを確認できる。残されている出世証文は二四通（1番は保留するもの）であるが、証文に記された情報を各欄に記したので、その説明をしておこう。

まず「事書」欄には証文の原表記を示した。「債務額（当初）」欄の金額は、出世証文を作成するに至るまでの債務総額であり、これらの債務額に対して当座に弁済した額や債権放棄してもらった金額を差し引いて、最終的に出世払いとなった金額を「債務額（最終）」欄に示した。「債務発生原因」欄は、本文の記述を元にして要約したものである。「差出人（債務者）」欄には、この証文の差出人名を記している。ただし差出人として連署しているが、「請人・証人」の肩書きで署名している人物は、「請人・保証人」欄に示した。「宛名人（債権者）」欄は、この証文の宛先である。2・3番に「近江屋正治」「吉野屋正治」とあるのは、寛政七年（一七九五）一〇月に正治右衛門武成が、漆問屋株を吉野屋六兵衛から譲り受けて店名を吉野屋正治と称したことの反映である。また、7・24・25番に「中井新三郎」とあるが、これは源左衛門家の仙台店の店名前（店名義人）である。「出世払文言」欄は、出世払いすることを、どのような言葉で表記しているかを抜き書きしている。ここではあえて原文通りに引用した。

また、「包紙上書などの抜書」欄は、当該出世証文の包紙や帯封などに書かれている文

宛名人(債権者)	請人・保証人	出世払文言	包紙上書などの抜書	備　　考
日野町・源三郎		本人源兵衛此上仕合ニ而帰参仕候ハヽ，為冥加御勘定為致可申候	(なし)	一部当座金弁済
近江屋正治	兄・人主・八右衛門，受人・要蔵	末々出世仕調達相弁可申候	小里村与助済口証文壱通	京大坂伏見大津立入禁止
吉野屋正治		聊無如才出情仕，追々差入申候様ニ可仕候	藤屋忠兵衛出情証文	内済，一部当座金・年賦支払
中井正治右衛門		後年ニ至り私出世仕家名相続出来候節者，追々ニ茂返済可仕候	出情証文壱通	10貫目大和屋引受
中井正治右衛門		此末随分出情仕，家名相続仕候ハヽ，…可成丈事済可仕候	出世証札	
中井正治右衛門	綾小路東洞院東へ入町・証人・近江屋吉兵衛，油小路姉小路上ル町・同・近江屋与兵衛	御厚志を以出世仕，無忘却御用捨被成下候御恩報尽可仕候	出世証文　壱通	8貫3匁9分用捨
中井新三郎	請合人・白鳥屋兵助	拙者商■引立申候者，訖度御返済可申上候	仕合証文　壱通	繰綿代金差引
中井正治右衛門	母・くら	仕合候時節御座候者，可相成丈金子差入可申候	出世証文	
御本家御店		追々商売向出情仕候而，仕法相建返納可仕候	出世証文	一部当座払
御本家		出情次第徳(カ)ト御返納可申上候	上	
中井源左衛門		末々出情仕合次第，屹度御返済可仕候	(なし)	永暇，一部当座金・年賦・用捨払
中井正次右衛門	堺町通二条下ル町・証人・亀屋平兵衛	出世仕，商売相始候節ハ可成丈致出情，追々金子差入可申候	出情証文　壱通	家財諸道具売払
中井源左衛門	同村・請人・身寄親類惣代・安太郎	末々出世仕合次第急度返済可仕候	年賦証壱通　仕合証壱通　分ケ立詫証壱通	一部当座・年賦払
中井源左衛門	同村・身寄惣代并代人・清兵衛	縦令幾年相立候共，出世時節相至り候ハヽ無相違返納可仕候	年賦証文壱通　仕合証文壱通　分ケ立詫証一通	
中井正次右衛門		此後致出情商売相始候者，追々ニ茂金子指入訳立可致候	漆代銀滞　出世証文壱通	当金10両支払
中井源左衛門	越川町・請人親類・直次郎	縦令幾年相立候共，出世時節相至り候ハヽ無相違返納可仕候	上　始末一条	一部当座・年賦払
中井源左衛門	請人・親類・孫兵衛	縦合(ママ)幾年相立候共，出世時節相至り候ハヽ無相違返納可仕候	一札	一部当座・年賦払
中井源左衛門	受人・新治	縦令幾年相立候共，出世時節相至り候ハヽ無相違返納可仕候	証書　金蔵始末	一部用捨・年賦払
中井源左衛門	三大寺村・請人・新兵衛	縦令幾年相立候共，出世時節相至り候ハヽ無相違返納可仕候	年賦　出世　詫札三通	一部当座・年賦払
中井源左衛門	山本村・親類惣代・庄右衛門	追々出世致し申候ハヽ，…聊宛たりとも返済可仕候	栗屋町　長右衛門	身上限り売払
中井正次右衛門		追々致出情，操合出来候節者些ツヽニ而も差入，御恩報可申候	乍恐奉願口上書，「家賃元利滞貸　播磨屋栄助引請　富田屋宗兵衛　出情証文」	引当家屋敷売払，一貫目播磨屋引受

表5　中井源左衛門家・正治右衛門家の出世証文

番号	年　月　日	事　書	債務額(当初)	債務額(最終)	債務発生原因	差出人(債務者)
1	宝暦 5. 4	＊手形之事	金60両	金54両	欠落引負金	朝国村・宇兵衛，治兵衛
2	寛政 3. 8	一札之事	銀9貫250匁5厘	金7両差上残銀	京店奉公中引負銀	江州甲賀郡小里村・与助
3	文化 2. 7. 6	出情証文之事	金110両，銀24貫目	金305両	元利累積	御幸町通三条下ル町・藤屋忠兵衛，倅忠蔵
4	文化11. 2	差上申借用証文之事	銀29貫730匁6分8厘	銀19貫730匁6分8厘	円満院名目銀借用残銀	油小路通三条上ル町・大和屋宇兵衛，母・せむ，倅・半助，大和屋清兵衛
5	文化14. 4	一札	金603両3分，銀4貫910匁3分5厘	金603両3分，銀4貫910匁3分5厘	諸色代，借用金銀	鮫屋ゆき，倅・金三郎
6	文政元.12.26	出世証文之事	銀10貫3匁9分	銀2貫	年賦銀元利残銀	東洞院六角下ル町・熊次郎事近江屋市兵衛
7	文政 7. 4	仕合証文之事	金141両，銀2匁6分3厘	金141両，銀2匁6分3厘	繰綿代金指引借用金	白鳥屋茂兵衛
8	文政 8. 4	一札	銀4貫653匁3分8厘	銀3貫751匁7分8厘	父存命中の漆代銀	万寿寺通烏丸西入町・吉野屋庄助
9	文政11.12	出世証文之事	銀24貫122匁8分	銀16貫122匁8分	借用金	伊勢屋与惣兵衛，妻・ちか，倅・熊市
10	天保 6. 3	御借用申金子之事	金10両2分，銀630匁	金10両2分，銀630匁	大坂店奉公給金差引借用金	孝兵衛
11	天保 6. 6	借用申一札之事	金40両	金40両	石巻店奉公中引負金	清水藤右衛門，同倅・安兵衛，親類・中井清兵衛
12	天保 6. 6	漆代滞銀借用之事	銀8貫206匁1分4厘	銀8貫206匁1分4厘	漆代残銀	松原通室町東江入町・吉野屋松治郎
13	天保 6. 8	借用申証文之事	金45両2朱	金15両	石巻店奉公中引負金	市場村・久左衛門倅作兵衛
14	天保 8. 1	借用申一札之事	金7両2朱	金7両2朱	倅相馬店奉公中引負金	稗谷村・長左衛門
15	天保 8. 3	漆代借用銀之事	銀5貫282匁3分3厘	銀5貫282匁3分3厘	漆代残銀	烏丸通松原下ル町・柊屋藤兵衛・母きく，東寺内新シ町・沢屋武兵衛，丹波屋町松原下ル町・山城屋九兵衛
16	天保 8. 9	借用申一札之事	金19両3分，銀4匁4分4厘	金9両3分，銀4匁4分4厘	倅石巻店奉公中引負金	上大窪町・藤左衛門
17	天保 8.12	借用申一札之事	金5両2分2朱，銀10匁8厘	金2両2分2朱，銀10匁8厘	倅仙台店奉公中引負金	(土山宿)・源吉
18	天保 9. 4	借用申一札之事	金38両3分	金17両3分	倅奉公中引負金	甲賀郡頓宮村・茂平治
19	天保 9. 4	借用申一札之事	金116両1分	金54両1分	倅仙台店奉公中引負金	甲賀郡虫生野村・庄兵衛
20	嘉永 2. 6	出世金証文之事	金364両2分	金364両2分	借用残金	栗屋町・長右衛門
21	嘉永 4. 8	覚	銀3貫642匁2分7厘	銀2貫642匁2分7厘	臨時祭手当銀預り銀	富田屋宗兵衛，妻・てる，倅・宗太郎，娘・しけ，同・すゑ，鮫屋猪八後家らく

中井正次右衛門，中井市郎右衛門	同町・伊勢屋嘉七，同町・伊勢屋伝兵衛，大津扇谷関・矢嶋藤五郎	及後年，連印中より急度済方可仕	銀五百貫目口出世証文	
中井御店御名代中	烏丸錦小路上ル町・証人・平野屋又兵衛	立身出世之上者無相違返済可仕候	(なし)	
中井新三郎		此末私出情仕合次第御返金可仕候	仕合証文　壱通	一部当座金払
中井新三郎，永野鹿三郎，平塚才兵衛		仕合次第御返上可申候	(なし)	一部当座金払

言を原文のまま抜き書きしたもので、事書には「出世」の文字がなくとも、明らかに出世証文・仕合《しあわせ》証文として認識されていたことがわかるため、ここに関連した字句を掲げた。

最後の「備考」欄は、出世証文が取り交わされた際にどのような処置が行われたのかを略記した。これら各欄は後掲の四家の各表においても同様である。

さてこの表5によれば、初代源左衛門光武は債務の出世払いを容認していなかったことがわかる。出世証文は京都店を営んだ正治右衛門武成が先んじて導入している（2番）。ただ武成が京都店を分与されたのは寛政九年からであり、寛政三年八月の出世証文の作成には光武の意向が働いた可能性がないわけではないが、おそらくは武成の判断であったと考えてよいのではないだろうか。正治右衛門家に伝来する出世証文のほとんどは、天保九年（一八三八）に没した武成が当主の時期のものであることから判断しても、彼は京都の商家慣行から学んだのではないかと思われる。そしてその慣行は、二代・三代正治右衛門も継承していることがわ

22	文久 2.11	一札	銀500貫目	金630両と銀33貫327匁1分8厘の証文差入残銀	三井組御為替銀融通	麩屋町通三条上ル町・伊勢屋藤兵衛，手代佐助・兵助・太助
23	慶応元. 7	借用証文之事	金17両2分1朱，銀1貫421匁4分4厘	金17両2分1朱，銀1貫421匁4分4厘	奉公中引負金，前借金	周助
24	明治 4. 6	指上置申一札之事	金82両2分1朱	金37両2分1朱	借用残金	国分町・岩井屋吉兵衛
25	明治10. 9	仕合証文之事	530円	522円50銭	古手取引残金	陸中藤沢・皆川伊勢治

出典：滋賀大学経済学部附属史料館蔵「中井源左衛門家文書」.
注：事書に＊印のあるものは「出世証文」と断定することを保留するもの.

かる。

一方、源左衛門家においては、三代目光熙《みつひろ》が当主となってからのものが残されている。最初のものは近江国伝来としては「仕合」証文の初見である文政七年（一八二四）四月の「仕合証文之事」と書かれた証文である（7番）。この証文は宛名が「中井新三郎殿」と書かれており、債務額が「繰綿代金指引借用金」だとされている。したがって、この証文は仙台で作成されたものと考えてよい。

次に四代目光基《みつもと》の時期のものであるが、光基は三代目光熙の娘婿であり、二代光昌が文化三年（一八〇六）に開店した陸前国石巻店（宮城県石巻市）を天保一二年に閉店させるなど、中井家の経営史において激動の時期の当主であった。当代に残された出世証文は表5の10～20番だが、大坂店・石巻店・相馬（福島県相馬市）店・仙台店の奉公人による引負金《ひきおいきん》（損金、遣い込み金）に関わるものばかりであることから推して、光基は家督相続を契機に奉公人引負の問題を処理しようとしたのではないかと思われる。

これについては後述する。

また、明治期のものは二通残されているが（24・25番）、これらは五代目光康《みつやす》が当主となってからのものである。当代で仙台店が閉店されることになるが、いずれの証文も仙台店の取引先から差し出されたものである。

正治右衛門家の鮫屋の一札と返り一札

表5に挙げた事例のいくつかに限って紹介しよう。まず5番の文化一四年（一八一七）四月に鮫屋《さめや》ゆきと悴金三郎が連署・押印している出世証文を取り上げる（なお、中井源左衛門家・正治右衛門家伝来の出世証文は『近江日野の歴史　第七巻』の付録CDに一部翻刻されている）。この鮫屋ゆき・金三郎の事例は、当家においても特異なものである。というのは、この証文には、出世証文に続けて親類が連署・押印した「一札《いっさつ》」も記されており、二通の証文が続紙に記されるという残り方をしている。

出世証文の文面から、鮫屋は先代から正治右衛門家と取引があり、伊兵衛を養子悴に迎えて諸色《しょしき》（品物）代や借用金銀の総額（出世証文の債務額）も相続させていた。ところが伊兵衛は不埒《ふらち》者で多額の借財をし、終《つい》には家出してしまった。そのため跡式相続《あとしきそうぞく》ができなくなり、難渋する昨今とて債務を弁済することも困難なため、実子の金三郎に家督を相続させ、出世次第に弁済することを了承してもらったことがわかる。そして、それに続く一札によって、連署者四名が鮫屋ゆき・金三郎の親類であったことが明らかである。彼ら親類は、多くの出世証文では請人・証人として署名している者たちだと言うことができる。彼らが果たすべき役割は、鮫屋ゆき・金三郎母子が出世払いにしてもらったことを「後年に至り候共、いささか忘却」せず、出世したならば「追々事済まし致させ」、「万一心得違い致し、等閑《なおざり》にも致し置き候はば、連印の銘々よりきっと申し付け、済まし方致させ」ることにあった。この一文によっても親類たちは、鮫屋母子が身代を回復させたにもかかわらず弁済することを等閑にしているか、いないかを見守り続けることを保証する役割であった。

ところで、右の出世証文が他の出世払いの事例と比べて特異なのは、出世証文の提出を受けた正治右衛門が、次の一札を与えていることである。

〔史料11〕

一札

一其許殿へ金銀借付け并に当座貸しの小道具類等残らず惣差引残高合わせて金六百三両三歩と銀四貫九百拾匁三分五厘、この度訳立て成らるべきの所、不如意に付済方でき申さず候間、この後出情、是までの通り相続成られ候まで相待ち候様の一札御差入れ成られ、なにぶん出情まで右にて用捨致しくれ候様段々御頼みに付、承知致し候、然る上は御出情成られ、是までの通り相続の節に相成り候はば、追々済方成らるべく候、右時節までまで（衍カ）相待ち申すべき旨御対談の儀、相違御座なく候、依ってこの度一札取置候上は、是までの金銀手形証文等後日出で申し候とも反古《ほご》たるべく候、後日のため返り一札、よって件の如し

文化十四年丑　　　　中井正治右衛門

鮫屋おゆき殿

金三郎殿

御親類中

【貴方に貸し付けていた金銀や当座貸しの小道具類など、総残額金六〇三両三分と銀四貫九一〇匁三分五厘を返済してもらわなければならないが、（貴方は）経済的に困窮しているため弁済できないので、この後に（実子が）出世して家の相続ができるようになるまで待ってほしいという一札（出世証文）を差し出して懇願されたので、私は承知した。それゆえ、出世して家相続ができるようになったら、だんだんと弁済するように。その時まで待つという話し合いに間違いはない。そこでこのたび一札を取り置いた上は、これまでの金銀借用証文類が後日に見つかっても、その効力はないものとする。その証明としての返り一札は、この通りである。】

右の返り一札の本文からは、正治右衛門は金三郎が出世して家名相続ができるようになった時に弁済を受けることについて「対談」したこと、そして「この度一札を取置」いた、すなわち出世証文を受領した上は、「是までの金銀手形証文等」が以後においては「反古」になることを保証していることがわかる。このように、出世証文を受け取るのと引き換えに、以前の借用証文類が無効になるということを証明する一札を渡す事例は、全国的に見ても稀であり、正治右衛門家にも鮫屋以外に他の例はない。この限りで正治右衛門家と鮫屋との関係には特別なものがあったと思われるが、子細は不明である。

出訴を経た後の証文取り交わし

出世証文は、一般的には債務者が負っている債務を完済できない経済・経営状態にあることを前提にして作成されるが、常に当事者の話し合いで債権・債務関係が解消されるわけではなく、公権力への出訴を経ることが契機となる事例も少なくない。正治右衛門家の次の出世証文は、それにあたるものであった（表5の6番）。

〔史料12〕

出世証文の事

一銀四貫九百目　　年賦残銀高

五貫百三匁九分　　右り足

右は先だって年賦借用高御返弁仕るべく候ところ、身上不如意《ふにょい》に付き延引相成り、すでにこの度御訴訟に相成り恐れ入り存じ奉り候、然るところ難渋の私義調達出来申さず候に付き、右銀高のところ銀弐貫目を以て御済まし方成し下され候様、だんだん御頼み申し上げ候ところ、格別御憐愍《ごれんびん》を以て残銀御用捨御聞き済まし成し下され、有り難く存じ奉り候、然る上は御厚志を以て出世仕り、忘却なく御用捨成し下され候御恩に報尽仕るべく候、後日のため出世証文、よって件の如し

文政元年(一八一八)寅一二月廿六日

東洞院六角下ル町　熊次郎事
本人　近江屋市兵衛(印)
綾小路東洞院東へ入町
証人　近江屋吉兵衛(印)
油小路姉小路上ル町
同　近江屋与兵衛(印)

中井正治右衛門殿

【右の銀高一〇貫目余は、先だって年賦借用をしたもので、毎年返済しなければならないのですが、経済的に困窮して支払いが延引するようになったため、このたび訴訟ごととなり恐れ入っています。とはいえ、困窮している私はお金を調達することがで

きないので、債務高のうち銀二貫目を支払うことで解決して下さるようにお頼みしたところ、格別のご憐愍をもって残銀を用捨していただき、ありがたく存じます。この後は出世して、忘れることなく（返済し）、ご用捨下さったご恩に報います。】

この事例では、近江屋市兵衛が年賦返済の条件で利付きの借金をしていたが返済が滞り、正治右衛門が京都町奉行所に弁済を求めて出訴したことが歴然としている。年賦銀の利足が残銀高を上回るところから判断して、近江屋は長期にわたって利足を支払うことができなかったことがわかる。残銀と利足を合わせて銀一〇貫目の債務となるが、正治右衛門はこのままでは、いつまで経っても埒《らち》が明かないと判断したのか、この総額の弁済を求めて出訴したようである。出訴は受理されたようだが、もし裁許に至れば当該期の京都町奉行所の規定では一二〇日ないし一五〇日で弁済するようにとの裁許が下されたであろう。しかし、現実には近江屋は「身上不如意」なのであり、たとえ裁許規定に準拠して分割弁済が認められ、順調に支払うことができたとしても完済まで一二、三年はかかることになる〔宇佐美二〇〇八〕。

したがって、訴状を受理したとしても、京都町奉行所はいったん当事者で内済するように勧奨したと思われるが、正治右衛門にとっては近江屋との間に債権・債務関係が存在することを公的に認められたことになる。このことは、この年賦銀にかかる係争について裁許を得られるということを意味する。しかし、先の長い弁済年月や近江屋の経済状況を勘案するならば、債権を全額回収することは困難であり、家産の再興を待つ形でいったん債権・債務関係を凍結するほうが現実的だと判断したのであろう。とはいえ、それでも債権の全額を回収することは困難だと考え、八割方の債権を用捨し、二貫目を出世払いにすることで話がまとまった結果、右の出世証文の作成に至ったのだろう。ただ、この例では二貫目を当座払いすることで残額八貫目余を出世払いにしてもらったと解釈することもできる。いずれが正しいのか断定しがたいため、とりあえず指摘するにとどめる。

このように、金銀係争が町奉行所などの裁許機関に繋属《けいぞく》されて、後に当事者間で出世証文を取り交わして解決が図られた事例は、少なからず存在している。他の例については、後にも取り上げることにする（134頁）。

源左衛門家の出世証文

これまで見たように、正治右衛門家の出世証文は商品代銀の滞りや、名《みよう》目銀《もくぎん》の口入《くちいれ》（仲介）貸を含む貸付銀の返済滞りが主要な債務発生原因であった。これに対し、源左衛門家では、商品代金の滞りもさることながら、奉公人引負に関わるものが光基時代に複数存在する。しかも当家の出世証文の包紙には、「仕合証」「仕合証文」「出世」などと明示されているにもかかわらず、「借用申証文之事」「借用申一札之事」と事書されていることも注目される。このことは、当事者間で出世証文を取り交わすことは、金銀貸借を行うという理解でもあったことを示している。

さて源左衛門家の出世証文は、三代目光熙期のものが最初の事例である。またこの証文は、事書に「仕合」の文字を用いた証文としては、近江国内では初見のものである。帯封に「白鳥屋茂兵衛殿　仕合証文壱通　文政七（一八二四）申四月」とあり、事書は「仕合証文之事」と記されている。本文には判読できない文字があるため、ここでは省略するが、債権・債務関係の概略は表5の7番に掲げている。宛名が「中井新三郎殿」とされ、差出人は「白鳥屋茂兵衛」であるが、この人物は仙台店の店卸帳《たなおろしちょう》の「繰綿《くりわた》貸の部」に取引先として確認できる。右の店卸帳は後年の安政六年（一八五九）度のものであることから、同一人物ではない可能性もあるが、仙台店が「白鳥屋」の屋号を持つ商人との取引を継続させていたことは、他の史料からも明らかである。そして、この一通だけしか確認できないものの、養子として三代目の家督を継いだ光熙が、初・二代とは異なった商業慣行を経営に導入したということになる。

光熙期の店卸帳が現存しないことは、約三万点の史料を伝来させている中井家にとって不思議なことであるが、その理由は判然としない。しかし、光熙は約五万両余を相続し、次代の光基に一一万両余を遺したことから判断しても、資産の蓄積が順調に進展したこと、換言すれば当主として有能な商人であったことが明らかである。この営業活動のなかで出

債務原因	出世証文額	年賦額	年賦期間	用捨額	当座払	出店
小前貸付回収不能	40両	30両	20年	80両余		石巻
引負	15両	12両	16年	15両 2朱	3両	石巻
引負，取り逃げ	7両2朱	9両	18年		1両	相馬
呑込貸回収不能，取り逃げ	9両3分，4匁4分4厘	9両	18年		1両	石巻
取り逃げ，小遣い貸し	2両2分2朱，10匁8厘	2両 2分	10年		2分	仙台
取り逃げ	17両3分	5両	20年	15両	1両	仙台
引負，取り逃げ	54両1分	10両	20年	50両	2両	仙台

世払いという、当家においては新しい債務弁済慣行を導入し、他方で店の綱《こう》紀《き》粛正《しゅくせい》に努めたことは、現存する当代の店法からも推測できる。

次代の光基時代には出世証文が複数作成されているが、特異な文書の作成が見られる。そして、五代目当主の光康時代は、先述のように明治に入って二通確認できるが、いずれも仙台店の取引先と交わされたものであることがわかる。

これら源左衛門家伝来の出世証文を検討すると、商品売買による代金滞りによる債権・債務関係の解消にかかるものは白鳥屋茂兵衛の一件であり、他のものは奉公人による引負金や貸付金

表6　石巻・相馬・仙台店奉公人引負金と弁済方法

番号	出世証文年月	親　名　前	奉公人名	幼名	入店年（年齢）	改名年	債務総額
1	天保 6. 6（表5の11番）	清水藤右衛門	安兵衛	鉄蔵	享和3		150両余
2	天保 6. 8（表5の13番）	久左衛門	作兵衛	弁蔵	文政2		45両2朱
3	天保 8. 1（表5の14番）	長左衛門	孫兵衛	熊蔵	文政8（11）	天保6	17両2朱
4	天保 8. 9（表5の16番）	藤左衛門	七兵衛	三蔵	文政6（11）	天保4	19両3分，4匁4分4厘
5	天保 8.12（表5の17番）	源吉	豊蔵	豊蔵	天保5（14）		5両2分2朱，10匁8厘
6	天保 9. 4（表5の18番）	茂平治	金蔵	金蔵	天保2（14）		38両3分
7	天保 9. 4（表5の19番）	庄兵衛	先兵衛	忠蔵	文政4（12）	天保3	116両1分

の返済滞りによって作成されたものであることが明らかとなる。

東北出店の出世証文

光基が当主であった天保六年（一八三五）三月の出世証文（表5の10番）は、大坂店の奉公人である孝兵衛が給金差引で借用していた金子の弁済にともなうものとして本人が署名して差し出している。ところが、同年八月（13番）と同八年九月（16番）のものは石巻店、同八年正月（14番）のものは相馬店、同八年一二月（17番）・同九年四月（18・19番）のものは仙台店の奉公人による引負金にかかるものであった。これら東北地域の出店奉公人のものは、いずれも奉公人当人が差出人として署名しているのではなく、親が署名・押印しているのが特徴である。ただし、天保六年六月付けの一例（11番）だけは、親子が署名している。これら東北地域の出店奉公人の引負金弁済を簡略に示したのが、表6である。

まず親子が連署している事例を紹介する。

〔史料13〕

借用申す一札の事

一金四拾両也

右は品これあり借用仕り候ところ実正明白に御座候、然るところ当時極々難渋に付き、格別の御慈悲を以て永々御貸し居に成し下され、有り難き仕合わせに存じ奉り候、仍《よ》っては末々出情仕合わせ次第屹度《きっと》御返済仕るべく候、右御仁恵有り難き仕合わせに存じ奉り候、後日のための差し上げ置く一札、よって件の如し

天保六年未の六月

清水藤右衛門（印）

同　安兵衛（爪印）

右親類

中井清兵衛（印）

中井源左衛門殿

【右の金子四〇両は、必要があって借用したことに間違いありません。しかし、現在の私は極めて困窮しているため、格別のご慈悲をもって永貸しにして下され、ありがたき仕合わせに存じます。将来仕合わせを得た時に、きっと返済致します。】

天保七年（一八三六）正月起筆になる「奉公人調」によれば、安兵衛は幼名鉄蔵で享和三年（一八〇三）より奉公し、石巻店に勤務していた。当時は支配人にまで昇進していたが、勤務中に小前《こまえ》（小商人）への貸付金などが回収不能となり一五〇両余の引負をしてしまい、別家の藤兵衛方預けとなった。債務のうち八〇両余を免除され、残金四〇両を出世払いとし、三〇両は二〇年賦弁済となり、解雇されている。支配人にまで昇進しているところから、金銀貸付や商品売買に関して主人（光基）からかなりの権限を委任されていたと思われるが、債権回収の見込み違い、すなわち経営判断の誤りを咎められたのであろう。とはいえ引負金の半額以上を用捨されているので、奉公中の功績はそれなりに考慮されたのではないだろうか。

たとえば表6の7番の用捨額が五〇両であった庄兵衛（先兵衛）も、天保九年四月に出世証文を書いているが、庄兵衛は幼名忠蔵で文政四年（一八二一）五月、一二歳の時に奉公人に採用され、天保三年一〇月に先兵衛と改名し、同七年一〇月に支配役に就任したが、同八年一二月に金子四〇両を持って出奔《しゅっぽん》し行方不明となり、「永勘気」（義絶）となっている。彼もまた支配役にまで至った奉公人であったせいか、先の安兵衛と同様に五〇両を「御恵み」されたのである。この他の奉公人についても、勤務中の引負金や店のお金を盗み出奔（「取り逃げ」）したことなどが債務発生原因となっている（表6の2〜6番）。出奔した者は、当然のことながら行方の捜索がなされており、なかには親元へ逃げ帰った者（七兵衛・金蔵）もいるが、そのまま行方不明となった者（孫兵衛・豊蔵・先兵衛）もいた。

三通の証文と奉公人請状の文言

庄兵衛をはじめ、表5の債務者欄に示している人名は、いずれも表6中の奉公人の親であることが注目される。奉公人の名前も別の史料から明らかとなるが、表6に示したように石巻・相馬・仙台出店に勤務していた奉公人のうち1番の安兵衛を除く六名は、出世証文を作成した際に証文に連署していない、すなわち差出人とはなっていない。連署しているのは奉公人の親や親類・請人たちであった。

　これらの人々は、同時に別の二通の証文を差し出している。たとえば庄兵衛の場合は、証文の包紙上書に「年賦・出世・詫札《わびさつ》　三通　虫生《むしょう》野《の》村（甲賀市）庄兵衛」と記され、庄兵衛たちが連署した三通の証文が入っていると明記している。表記はそれぞれ若干の違いはあるが、先の清水藤右衛門・安兵衛のものを除く六件の出世証文にもまた、他の二通の証文が同じ包紙に同封されている。このような三通の証文を同時に作成しているのは、光基時代の東北出店に限られた特徴である。

「詫札」では、文字通り親たちが奉公人である息子の不埒を詫びている。そのなかに記述の精粗はあるものの、息子（奉公人）が採用された年月、幼名と改名の年月、不埒の内容が記され、息子の不奉公に対する詫言《わびごと》と、債務を弁済すべきところ現状では困難であることなどが述べられている。この証文の事書は「差し上げ置く一札の事」と書かれている。

さらに「年賦」は、文字通り一部の債務は一〇年から二〇年の年賦払いで返済することを約束する証文である。すなわち、債務が高額であれば一部は債権放棄の恩恵を受けることができるが、そうでない場合は用捨されていない。しかし、債務の一部は例外なく年賦返済にされ、その残額を出世払いすることで解決が図られているのである。この年賦返済の証文は「借用申す一札の事」と事書にあり、作兵衛を例外として、いずれも出世証文と同じ事書となっている。つまり、出世証文は年賦証文と同様に金子を借用しているという認識に立ったものになっている。

このように、光基時代の出世証文が東北出店の奉公人にかかるものが多いということは、当時これらの出店の営業活動や奉公人の勤務が杜撰《ずさん》な状態にあったからだと思われる。石巻店や仙台店では、支配役が見込み違いの判断で貸付を行ったり、金子を持ち逃げするようなありさまで、店の風紀は乱れていたと思われる。しかも出奔して行方不明となる奉公人も出ていた。債務を発生させた当人がいない以上、その債務は奉公人の請人である親に弁済義務が課されたのは当然であろう。おそらく光基は、奉公人に全幅の信頼を置くことができなかったのだろう。光基が天保一一年（一八四〇）に相馬店（天明三年〈一七八三〉開店）、同一二年に石巻店（文化三年〈一八〇六〉開店）を閉店させたのは、業績が悪かったことが最大の理由であろうが、店内の風紀の乱れを粛正する目的もあったと思われる〔青柳二〇一六〕。

当主が奉公人を見る目

光基の奉公人に対する考えは、源左衛門家の家督相続に際して作成された歴代当主の店法も比較検討する必要があるが、ここでは奉公人請状《ほうこうにんうけじょう》の文言を検討することで簡略に示しておきたい。

光基時代の奉公人請状の一例として、天保一〇年七月のもの（「奉公人請負証文の事」）には、奉公人の不埒に関わって「不奉公、或いは金銀引負・売り物取り逃げ・欠落《かけおち》など、如何《いか》ほどの悪事仕り候とも我等罷り出で、御差図次第に取りはからい、諸勘定など相違なく相立て、人躰《じんてい》尋ね出し（後略）」という一節が見られる。しかし、初代光武時代のもの、たとえば宝暦三年（一七五三）四月九日の請状では、「取り逃げ・欠落・如何様の悪事」の責任を請けているにすぎず、三代光熙時代のものである文政六年（一八二三）八月二七日の請状では、「金銀引負、商物取り逃げ・欠落・如何様の悪事」の責任を請けている。

すなわち、初代や二代の時には「如何様の悪事」（どのような悪事でも）に包摂されていた「引負」が、光熙に至って別途に取り上げられるようになり、それは金銀引負と具体的に記されるようになる。「取り逃げ」（持ち逃げ）についても、光熙は商物取り逃げ、光基は売り物取り逃げと、商品にかかるものであることが強調されるようになる。

光基はさらに「不奉公」という、ある意味では奉公人の働きについて、すべてに関与することができる抽象的な表現を採用するとともに、請人の具体的な責任の取り方をも明記するように改めている。このような奉公人請状文言の変化は些細《ささい》なことであり、歴代で常に同一文言であるとは限らないが、この変化が、商業活動の拡大とそれにともなう店内の綱紀の緩《ゆる》みを反映していると読み解くこともできるだろう。

馬場利左衛門家

馬場家の沿革と商業活動

馬場利左衛門《ばばりざえもん》家は犬上《いぬかみ》郡高宮《たかみや》（彦根市）に所在し、「近江屋」「宮利」の家号で知られた商家である。残された勘定帳簿は宝暦一一年（一七六一）冬分から書き留められているが、それをもとに判断すると宝暦年間（一七五一～六四）の頃から薬種類を持ち下る商いを始め、「糸・たね・米・小間物・扇」などが有物《ありもの》や売掛金《うりかけきん》として計算されていることがわかる。また帳簿の勘定項目が「無尽勘定《むじんかんじょう》」「在所勘定《ざいしょ》」「下之勘定《くだりの》」とあるところから、庶民金融・地商い・他国稼ぎの三部門で営業していたと考えられる。

商圏は濃州・信州・甲州・駿州・豆州であったが、この商圏は中山道を利用して商業展開をしたと考えられる。とりわけ甲駿往還道沿いの甲州西郡筋には年に二、三度商売に出かけ、巨摩《こま》郡古市場《ふるいちば》村（山梨県南アルプス市）に旅宿を借りて二〇年ほど商いをした後、寛政一〇年（一七九八）に当地に出店を設けるに至っている。天保・弘化年間（一八三〇〜四八）頃には、近江商人の番付表の中で高宮宿では最も上位にあった商家であったが、明治期に入ると商業経営から撤退し、当主は教育、行政分野で名を残している〔宇佐美一九九九、『新修彦根市史』第二巻〕。明治期の当主は、当該地域において「徳望家《とくぼうか》」として称えられている〔『高宮町史』〕。

当家の歴代当主は、残された史料で復元すると五代目とされる人物が二名いたり、六代目への継承が判然とせず、確定することは今後の課題であるが、ここでは表7のように掲げておく〔『馬場武司家文書目録』解説〕。

表7　馬場利左衛門家歴代

歴　　代	没年(西暦)
初代　庄蔵	寛文 5(1665)
二代　庄蔵	享保 3(1718)
三代　新蔵	明和 2(1765)
四代　利左衛門	寛政11(1799)
五代　庄蔵＊	文化 8(1811)
六代　利左衛門	天保 4(1833)
七代　利左衛門	文久 4(1864)
八代　庄蔵	明治32(1899)

出典：『馬場武司家文書目録』解説，平成18年～20年度科研実績報告書（課題番号18320106）.

注：＊は五代庄蔵を別人にあてる史料もあり詳細は不明．この人物は文政６年（1823）没．

特異な文面をもつ証文

当家の出世証文のうち一通はすでに紹介した（48頁の史料5）。またほとんどの証文も別稿〔宇佐美一九九九〕で紹介しているが、改めて検討すると出世証文と断定するには躊躇《ちゅうちょ》せざるを得ないものも翻刻している。表8は馬場家に

宛名人(債権者)	請人・証人	出世払文言	包紙上書などの抜書	備　考
大鶴屋九蔵	(犬上郡)高宮・証人・近江屋利左衛門，(神崎郡)石馬寺・同・中村治兵衛，(蒲生郡)日野・同・森田金兵衛	此以後出精致，銀子出来次第…為差入可申候	大九へ証文	
(近江屋利左衛門)	親類・柳蔵，請人・左兵衛	出世仕候節者，右之金子急度御上納可仕候	不埒者伝介出世証文	下り商人衆への奉公禁止
近江屋利左衛門	親類・伝八，世話人・源次	私出世仕，年々急度御納返可仕候	不埒者与介出世証文	一部売掛金にて弁済，奉公制限
近江屋利左衛門	証人・孫介	此末私出清仕，少々ツヽ成共御返納可申候	一札証文	
近江屋利左衛門	証人・源治	出情仕，少々ツヽ成共御返納可申候	甚兵衛詫証文	
近江屋利左衛門	請人・善治郎	出世返しニ被相頼，…出世次第取立候て，急度御損かけ申間敷候	証文	
高宮村・馬場庄蔵	世話人・儀兵衛，同・吉兵衛	以後出情仕候ハヽ，…少々ツヽニ而茂指入定納可仕	一札之事　九平　出情証文	
高宮宿・馬場庄蔵		此末情々相働き出世等仕候ハヽ，少々宛ニ而茂追々御冥加可仕候	証文壱通　出世証文	
馬場利左衛門	証人・重治郎	此末出世次第可報御恩候	出世証文　壱通	
利左衛門	親類証人・重右衛門	此後出世次第ニ御返済可仕候	一通　鶴新　出世証文	
相続講御世話人中		此後勢々出情次第御返済可仕候	出情証文　一札	一部当座金払
馬場庄蔵	親類・九助，世話人・永長兵衛，同・布善助	本人出世之上，無相違勘定可仕候	(なし)	元金は当座払
江州高宮宿・馬場利輔，甲州巨摩郡荊沢宿利輔出店支配人・愛知郡一村生・杉本卯兵衛	親類惣代・(窪田)伝蔵，同断・小池七郎平，立入人・烏帽子村長百姓・佐伯政右衛門	身上向立直り候様仕，其節右金共返済可仕候	(なし)	一部当座払
大津県御支配所江州愛知郡一村之産甲州〻店支配人・杉本卯兵衛，菊池清兵衛		後年身上向立直候迄貸遣し置候	(なし)	13番の下書き
馬場庄蔵	親類中	私出精之上者少々宛ニテモ御返済可仕候	(なし)	
犬上郡高宮村・先鳴学校積立金貸附方・馬場庄蔵		我等等出情仕候節ハ，件ノ金円無相違御返金可仕候	(なし)	無利子
馬場庄蔵		拙者立身出世仕候ハヽ無相違弁償可仕候	(なし)	
馬場庄蔵		相応之財産相畜候節ハ必御返納可仕候	(なし)	250円にて皆済
(馬場庄蔵)				「証文」綴りに記載
(馬場庄蔵)				「証文」綴りに記載
(馬場庄蔵)				「証文」綴りに記載
			普堅寺村儀兵衛跡出情証文	

表８　馬場利左衛門家の出世証文

番号	年　月　日	事　書	債務額(当初)	債務額(最終)	債務発生原因	差出人(債務者)
1	寛政 6.⑪	覚	銀14貫959匁６分６厘	銀14貫959匁６分６厘	(記載なし)	江州(犬上郡)高宮・中村善兵衛
2	文化 2. 8	一札之事	金50両２分２朱	金50両２分２朱	奉公中不埒，金子等遣い捨	伝助
3	文化 2.⑧. 8	差上申一札之事	金230両	金195両	奉公中不埒(懸捨)	与介
4	文化12. 1	一札之事	金61両	金61両	引負金	茂兵衛
5	文化12. 8	＊一札之事	金８両２分２朱(昨秋棚卸不足)，金23両３分(同断勘定表)	金32両１分２朱	引負金	甚兵衛
6	文政 4. 3	一札之事	正米33俵	正米33俵(金２両分差引)	借米	(犬上郡)竹之腰・伝兵衛
7	文政 6. 7	出情証文一札之事	(記載なし)	(記載なし)	奉公中不埒(帳面相違)	(犬上郡)土田村・九平
8	文政 8.11	出世証文之事	(記載なし)	(記載なし)	借用金	(犬上郡)戸賀村・弥平
9	文政10.12	指入申一札之事	金５両	金５両	借用金	(八百や)佐平
10	天保 5. 4	一札之事	銀１貫560匁	銀１貫560匁	米代	(鶴)新蔵
11	嘉永 5. 1	一札之事	金５両２分	金３両	相続講返済金	(犬上郡)竹之腰・長五郎事・中孫八
12	慶応 4. 7	指入申出世証文之事	金80両と年７朱利息18年分	利息18年分	借用金(田地引当)	伝十郎
13	明治 3.⑩	身元立直証文之事	金172両	金100両	借用金	信州諏訪郡蔦木宿・窪田進蔵
14	明治 3.⑩	＊差出一札之事	金100両	金100両	貸金	高島藩御支配所信州蔦木宿・久保田進蔵
15	明治11.10. 2	証	米１石７斗５升	米１石７斗５升	未進年貢米	北川五良平跡・北川乙松
16	明治21. 3.29	借用証	148円97銭９厘	148円97銭９厘	借用金	犬上郡安食中村・青木九八郎
17	明治25.12.30	借用証	1147円88銭５厘	897円88銭５厘	借用金	上田隆治郎
18	(明治23以降)	証	1147円88銭８厘５毛	897円88銭８厘５毛	亡父借用金	上田保太郎，代上田隆次郎
19	(明治27以前)	＊(出世証文)	330円	330円		石田武平
20	(明治27以前)	＊(出世証文)	210円	210円		谷沢留吉
21	(明治27以前)	＊(出世証文)	192円25銭	192円25銭		外村彦九郎
22	年月日未詳	＊(包紙のみ)				

出典：滋賀大学経済学部附属史料館寄託「馬場武司家文書」．

注１：事書に＊印のあるものは「出世証文」と断定することを保留するもの．

２：年月日のうち○で囲んだ数字は閏月を意味する．

３：14は，13に先だって貸付証文として作成された下書き．

４：19～21は，出世証文が手交されたことは判明するものの原本は残されていない．

伝わった出世証文と、断定が困難な証文（事書に＊印を付したもの）とを一覧化したものである。

これらのなかに、他の商家に残されたものと文面が異なるものが二通ある。それは表中の2番と3番で、ここでは3番を掲げる。

〔史料14〕

差し上げ申す一札の事

一私儀、先年より御奉公にお召し抱え成し下され候ところ、この度不埒の筋合い仕出し、その上金子太分遣り重々不届き成ら（ママ）れ義仕り候、もっとも御吟味下され候ところ、惣高金子弐百三拾両也、右の内三拾五両所々預け置き候代呂物《しろもの》御座候に付き、預け先よりお受け取り下され、引き残り百九拾五両、右の金子懸け捨て、一言も申し訳け御座なく候ところ、この度世話人綿屋源次殿だんだんお頼み候に付き、御了簡を以て御用捨成し下さる段、有り難く存じ奉り候、然る上は右の金子義、私出世仕り、年々きっと御返納仕るべく候、なおまた下り商人衆へ奉公御差し留め仰せ下され畏れ入り奉り候、ならびに自分に持ち下り商内など一切仕る間敷く候、右申し上げ候趣相違御座なく候上は、世話人親類証判仕り候、後日のため証文、よって件の如し

文化二年丑壬八月八日（一八〇五）

本人　与介（印）
親類　伝八（印）
世話人　源次（印）

近江屋利左衛門殿

（後略）

【私は先年から奉公人として召し抱えられていましたが、このたび道理に外れたことをしてしまい、その上多額のお金を遣うなど、とても不届きなことをしました。お調べ下さったところ、総額金二三〇両でした。そのうち三五両分は、あちこちに預け置いた商品があるので、預け先からお受け取りされ、差引額一九五両が掛け捨てとなり申し訳ないのですが、このたび世話人の綿屋源次殿が（出世払いを）お頼みされたので、了承して下さるとのこと、ありがたく存じます。右の金子は、私が出世し、きっと返済します。なお、この後に持ち下り商いをする商人のもとに奉公することを禁じられ、畏れ入ります。また、自分でも持ち下り商いすることも一切致しません。】

表8中2番の債務者の伝助も右の与介も、包紙上書に「不埒者」と記されている。その不埒の内容は具体的に記されていないが、少なくとも与介が代呂物（商品）の売買に関わっていたことは明らかであろう。そして、債務総額の中には所々に預け置いている代呂物

代が含まれており、これを債権として受け取るように願っている。このことから、与介は近江屋で、商品売買を自分の責任で行っていたことがわかる。それが近江屋の名を借りた自分商いであったのか、近江屋そのものの営業の一端を主人に代わって実行していたのかは判然としない。不埒・遣い込みの総額は二三〇両にのぼり、その内の三五両分は回収していない代呂物だとしている。代呂物が販売先に有物《ありもの》（在庫品）として残されていたのか、未回収の売掛金状態にあったのかも定かではない。

奉公人は、主人の指示・意向を受けて営業に従事するものの、直接的な指示がなくとも自分の判断で商売を行うことは、経営委任の一環として特に上位の職位にある奉公人には許されており、一般的に見られることであった。しかし、店に損害を与える結果になった場合、商家がその金額を経営体のものとして損金処理をすることなく、奉公人引負として責任を奉公人に転嫁《てんか》し、弁済の義務を負わせることもまた、商家の経営ではよく見られることであった。与介や伝助の例も、それと同じ取り扱いがなされたことを示しているのであろう。

ところで、証文の本文末尾に与介は、下り商人衆へ奉公すること、自分で持ち下り商いすることを禁じられ、それを了承していることが注目される。これは伝助の場合も同様であった。このように、出世証文を取り交わして以後の生活再建機会を制限している文言をともなっているのは、他の商家では見られない。これはいかなる意味をもっているのだろうか。

　下り商人衆に奉公するということは、持ち下り商い、すなわち他国稼ぎをする商人のもとで奉公することを意味する。持ち下り商いをする商人とは、とりもなおさず近江商人を意味する。近江屋は甲州に出店を持つ近江商人であったことを考えると、近江屋を解雇された人物が再び他の近江商人の店に奉公に入ることを禁じていることになる。また、自分自身も他国持ち下り商いをすること、すなわち近江商人として起業することも許されていないのである。

　近江商人の家から不埒を理由に解雇された者が、他の近江商人の元で再奉公することを許さないという行為が、近江商人の世界では普遍的なことであったかどうかは明らかではない。それが普遍的な人事慣行であったとすれば、近江商人たちは不埒を働くような奉公人の再雇用を忌避することによって、対外的な信用を共同して保とうとしていたことになる。また、これが馬場家独自の規制だとしても、根本的には商家としての信用保持を意図したものと言えよう。

相続講世話人宛の証文

出世証文は、そのほとんどが債権者の元に残されるものである。しかし、債権・債務関係が発生する原因は多様であり、その関係に則して証文が作成されることも容易に想定できる。次に掲げる馬場家に伝来する証文はその一例で、表8の11番にあたるものである。

〔史料15〕

（後筆）
「　嘉永五子（一八五二）二月十二日
この一札の義は掛け金元三両弐歩、利弐両、〆五両弐歩のところ、この度弐両弐歩代米札百六拾匁受け取り、残り三両は出情証文に致し遣わし、則ち町甚五郎持ち藪地質入れに相成りこれあり候証文并に最初の証文とも残らず指し戻し申し候、もっとも世話人桶屋長太夫え証文渡す」

一札の事

一金三両

右の金子、相続講《そうぞくこう》返済のうち私不底（カ）に付き、御用捨御頼み申し候ところ、御聞き済まし下し置かれ（脱アルカ）存じ奉り候、この後せいぜい出情仕り次第御返済仕るべく候、以上

嘉永五子正月　竹之腰長五郎事

中　孫八（印）

相続講
御世話人中様

【右の金子は相続講から借用したもので、（元利全額を）返済しなければならないが、私の生活がままならないため、（二両二分相当の米札一六〇匁を支払い、残りの三両は）出世払いにしてもらいたいとお頼みしたところ、お聞き届けいただき（ありがたく）存じます。この後できるだけ出世した時に返済します。】

この出世証文は、中孫八が相続講から借り受けた金子の返済が困難になったことから作成されている。相続講とは、家の相続を名目として金銀を融通し合う互助組織のことで、竹之腰《たけのこし》は高宮村の小字《こあざ》であることから、この相続講は高宮村で仕法立《しほうだ》て（具体的なやり方を企画する）されたものであったと見てよい。後筆の文面から、孫八は相続講金を借用するに際して、甚五郎が所持する藪地の質入れ証文を担保にしていたようであるが、債務の五両二分について、彦根藩米札《こめふだ》で一部弁済し、三両分について出世払いにしてもらったことがわかる。この時に当初の証文と担保に差し入れた証文は、出世払いの仲介にあたった桶屋《おけや》長太夫《ちょうだゆう》に渡されたことも明らかであろう。

ここで注目されるのは、馬場家が孫八に対する直接的な債権者であったわけではないにもかかわらず、証文が馬場家に伝来したことである。このことは、馬場家が右の相続講世話人であったことを意味していよう。このような例は、後に他の事例も取り上げることにするが（166頁）、馬場家に残されたもう一通の事例を挙げておこう。

学校積立金の借用

明治二一年（一八八八）三月二九日付けの「借用証」（16番）の宛先は、「犬上郡高宮村　先鳴学校《せんめいがっこう》積立金貸附方　馬場正蔵殿」とされている。高宮村では、維新前から存在した三つの寺子屋を廃して寺子をすべて小学校に収容し、同七年二月にこの小学校を「第三大学区第十一番中学区第百三十三番小学区先鳴学校」と呼ぶことになった。その後、他村の小学校や分校を合併し、同一九年一月の学制改正にともない、「犬上郡第十一学区尋常科高宮小学校・同簡易科高宮小学校」と改称されている〔『高宮町史』〕。

先鳴学校から高宮小学校へ編制替えされていく過程で学校積立金が準備され、それが貸付運用されたものと思われる。差出人の住所が犬上郡安食中村《あじきなかむら》（豊郷町）という学区外の村であることから、この積立金は学区内住民にのみ貸し出されたものではなかったのは明らかである。おそらく馬場正蔵は、この積立金貸付方の責任者だったのだろう。本来ならば、この借用証は先鳴学校の貸付方という組織に保存されるはずのものだが、組織の解散・再編などがあったため、世話人であった馬場家に残ることになったと思われる。

本来、出世証文の宛名人は特定の個人名が記されるか、中井家の事例（表5）にもあるように「御本家御店」「御本家」「中井御店御名代中」など、個人名ではないが経営体の表記になっている。しかし、右に見た二つの事例のように、商業経営によって生じる個人的な債権・債務関係だけでなく、相続講や学校積立金貸付方のような組織・仲間の一員として関わりをもった時に発生した場合、その組織・仲間に保存されるべき史料が、関係者の家に残されるようになったことがわかるのである。

久保田進蔵宛の一札

馬場家の出世証文では、表8の13番と同日に作成された14番も興味深い。この証文は下書きであり、現実に差し出されたのかどうかは定かでなく、出世証文でもないが、13番と関わるものなので紹介しておきたい。

〔史料16〕

差出し一札の事

一金百両也　但し、無利足金

右金子、文久三（一八六三）亥年中貴殿え貸し遣わし置き候ところ、当時身上向き不勝手に付き、後年身上向き立ち直り候迄貸し遣わし置き候対談仕り候、そのため印書差し進め申すところ、よって件の如し

大津県御支配所

明治三年（一八七〇）午閏十月
江州愛知郡一村の産
甲州𠀋店　支配人　杉本卯兵衛
菊池清兵衛

高嶋藩御支配所
信州蔦木宿
久保田進蔵殿

【右の金子一〇〇両は、文久三年中に貴殿に貸し置いたが、現在は経済的に困窮しているため（返済できないとのことなので）、後年に家計が再興する時まで貸したままにすると話し合いました。その証明のため、押印した書き物を差し出します。】

右の一札は、文久三年（一八六三）中に貸し付けた金一〇〇両を回収できなくなった時点で、改めて出世払いのことを話し合いで決めたことを証する内容となっている。証文は債権者として近江屋の甲府出店支配人である杉本と菊池が連署し、蔦木宿《つたきしゆく》（長野県富士見町）の久保田進蔵に宛てて出されている。この時の出世証文原本は別稿で翻刻している〔宇佐美一九九九〕が、そこでは差出人は窪田進蔵であり、右の一札では名字の窪田は久保田とされている。また名前も別稿では「近蔵」と翻刻したが、右の一札中に出てくる「差し進め」の「進」の文字のくずし方は「進蔵」の「進」と同じであることから、かつて「近蔵」と翻刻したものの正しくは「進蔵」であった可能性が高いため、本書では進蔵と訂正しておく。

さて、この一札が久保田進蔵に渡されたかどうかを確かめることはできないが、本文中に「対談」の後に「印書」を「差し進め」ると記しているところから、連署・押印した一札は作成されたと判断してよいだろう。しかし、同年月に「身元立直証文之事」（13番）という出世証文が残されている以上、この一札はあくまでも金一〇〇両を出世払いで貸し付けるという対談を行ったということを証するだけのものである。

このように、対談を行ったことを証明する一札が別途に取り交わされた理由は判明しないが、当時の馬場利左衛門家の当主は幼主であり、すでに甲州出店を分家の馬場利輔家に譲渡していたことから、当主の署名・押印ではなく、出店支配人の連署・押印で処理したのではないだろうか。

松居久左衛門家

松居家の沿革と歴代

松居久左衛門《まついきゅうざえもん》家は神崎郡位田村《いんでん》（五個荘町）に所在し「星久《ほしきゅう》」の屋号で知られ、幕末期に名をはせた商家である。創業は延享三年（一七四六）であり、とりわけ三代久左衛門遊見《ゆうけん》は、表9に見えるように寛政六年（一七九四）に存命していた父親から二五歳で経営を任され、天保三年（一八三二）に四代目久次郎に家督を譲った時には、相続した銀四一〇貫六九一匁を、銀三七二三貫九二一匁へと資産を増加させていた。

ところが、四代目は嘉永二年（一八四九）に亡くなったため、遊見は再び経営に従事し、安政二年（一八五五）に八六歳で没するまで当主として家業に注力した。没した時の資産は、銀四四八九貫九六七匁であったとされている〔江頭一九七五〕。三都に出店を持ち、麻

表9　松居久左衛門家歴代

歴　代（法名）	没年（西暦）	家督相続年（西暦）	備　　　考
初代　久五郎（浄雲）	安永 3(1774)		
二代　久左衛門（行願）	文化 6(1809)	安永 3(1774)	
三代　久三郎（遊見）	安政 2(1855)	寛政 6(1794)	文政8年(1825)久次郎に勘定委任．久次郎没後，久三郎が五代目襲名まで経営担当．
四代　久次郎（行遊）	嘉永 2(1849)	天保 3(1832)	
五代　久三郎（松寿）	明治40(1907)	安政 2(1855)	叔父太七が後見
六代　横田助二郎（遊照）	昭和10(1935)	明治26(1893)	養子・明治31年(1898)復籍
七代　久一郎（敬道）	昭和32(1957)	明治31(1898)	

出典：江頭恒治『星久二百二十五年小史』（非売品，1975年再版）

布方・糸絹方での商品取り扱いと、金銀貸方による金融部門があった。最盛期に経営にあたった遊見は、顕彰碑が菩提寺に建てられるほどで、その人徳が讃えられている人物であった〔日比野一九八四〕。

松居家の出世証文分類

松居家にも表10に掲げたように多数の出世証文が伝来している。これらの一部は、すでに末永國紀が翻刻と考察を行っている。

その際、考察の結論として、松居家の関連史料は「借用金の大部分を出情（出精）後に返済することを約定した『出世証文』と、借用金の全額もしくは一定額を債務免除しただけで、将来の出情後の返済を誓約する文言を欠いた『御礼証文』に分けられる。債権者の松居家側では、『出世証文』を包紙ウハ書の文言にみるように『出情証文』と表記している」ものの、「松居家側には、『出情証文』と『御礼証文』との間に厳密な区分はなかったと考えてよいであろう。だからこそ、両者は一括して保管されていたのである」と述べている〔末永二〇〇四a〕。

しかし右の論考は、松居家には明治期の出世証文も残されていることを見逃している。末永が取り上げたのは表10の1～8番であり、これらは遊見存命期のものに限られており、没後の9～17番を分析から除外している。また包紙上書の文字が「後代の筆跡」だとは記すものの、それがいつなのかを判断していない。さらに、1～7番の七通の「出情証文」は帯封で一括されているが、そこには「出情返済方証文類集」と記され、「御礼証文」七通（表11）も帯封で一括されており（表10の8番もこの一括に含まれている）、そこには「取引金用捨済礼《ようしやずみれい》一札類」と記されている。さらに9・11～17番の八通の出世証文と関連証文一通もまた帯封で一括されているが、そこに「出情証文類」と認《したた》められている。すなわち、松居家では表10の8番と10番を例外として、厳密さには欠けるとしても、明らかに帯封で出世証文（「出情返済方証文類集」「出情証文類」）と御礼証文（「取引金用捨済礼一札類」）は区分されて保管されてきたのであり、末永の指摘は正確ではない。

一方で、帯封の上書きがいつ書かれたのか、それは帯封で一括した時なのかどうかは判然とはしない。ただ、出世証文の一部には朱で書かれた後筆があるが、17番（後掲史料19）には「明治廿一年四月卅日附」と記した添紙が存在し、これを含めて帯封で一括されている。この添紙が書かれた後に帯封で一括されたとすれば、松居家ではその年次以後に出世証文、御礼証文の区分けを行ったと思われる。もっとも、「出情返済方証文類集」として一括されている出世証文の包紙にも朱筆の後筆があるが、その字体は17番のものとは異なることから、異なる人物によって整理が行われたのではないかと推測できる。

いずれにしても、明治期に伝来史料が整理され、その際に出世証文や御礼証文がまとめられ、区別されたのであろう。出世証文が分類されて保管されてきた例は、管見の範囲では松居家以外にはなく、当家においても特別な意味をもっていたのであろう。

その理由が奈辺《なへん》にあるのかはわからないが、とりわけ多額の債権を用捨した遊見を評価してのことだろうか。たしかに幕末期に松居家が出世証文や御礼証文によって債権の用捨や出世払いを認めた額は五七〇〇両を超えており、この額は元金貸付額九四〇〇両超の六割強にあたる。

表11の3・5番は一〇〇〇両を超える債権を放棄しており、その寛容さには驚くべきものがある。多額の債権を放棄し債務者に恩恵を与える行為は、松居家が他の商人に比しても抜きん出ているのは事実である。その限りでは、遊見の人徳が讃えられたのも納得でき

宛名人(債権者)	請人・保証人	出世払文言	包紙・帯封上書, 添紙などの抜書	備　　考
(神崎郡位田村)・松居久左衛門		商売相続仕居候内, 年々出情不限多少御入金可仕候	無利足　出情返済被成候筈	一部弁済
江州位田村・松居久左衛門	一類惣代・茂助, 同断・元右衛門	引残り金之儀者出情次第御返金可仕様御無心申上候処, 是又御承知被下忝奉存候	出情証文壱通	一部弁済
近江屋嘉兵衛		立身仕次第早速入込分五拾五両返済可仕候	出情返済証文	内済
位田村・松居久左衛門	証人・伊右衛門	相当之身分ニも相成候得者, 不実不仕候様返済可仕候	出情被致候節返金証文也	
当村・松居久三郎	親類証人・忠五郎, 同断・中村・庄左衛門, 同断・佐右衛門, 同断・忠兵衛	向後相働き出情次第多少とも追々御返金可申候	出情証文壱通　出情次第追々返済定	一部弁済, 家屋敷諸道具畑藪売却他
松居久左衛門	同村・証人・中村西右衛門,	出情致候上者急度御返金可仕候	出情返済証文壱通	半金用捨, 一部当座払
松居久左衛門	証人・次右衛門, 同・庄右衛門	向後弥改心仕, 出情次第急度御返金可仕候	出情証文壱通	永暇
松居久左衛門	証人・兄弟・武兵衛, 彦根瓦焼町・近親・糀屋利兵衛, 京・藤村屋忠兵衛	自然向後立身出世仕候刻ハ, 為御冥加右金子御返済可仕候	御礼証文一札入	家屋敷引当書入証文返却
松居久左衛門御店御衆中		丹誠ヲ尽し御高恩聊亡却不仕, 出情之上無相違御皆済可仕候	出情次第皆済之事証文壱通	親の詫状同封
松居久左衛門		後年ニ至り細々ニも出情仕候上, 尠々たり共御恩済可仕	帯封上書「吉出世証写并ニ[illegible]へ譲り奥書写」	明治８年１月, 松居捨次郎に証文譲渡
松居久左衛門		向後致丹誠成立候上者無忘却不足之分返金可仕候	出情証文　成立之上返済可被成事	新公債証券担保
松居久左衛門		拙者成立之上御恩亡却不仕, 追々償却可仕存心御座候	出情返済	４分割返済のうち１回分残り
西村市作	城州伏水紀伊郡第弐区阪田村・請人・月本岩吉	身元成立之上無相違償却可仕候	身元成立之上返済之事	永暇
松居久左衛門		連署身元成立之上急度償却可仕候	成立之上返済証書壱通	一部弁済
松居久左衛門	請人・同九郎三郎	拙者身元成立之上急度償却可仕候	身元成立之上返済之明文証書壱通	当座払の残額　無利足
松居久左衛門		出情成立之上迄御猶予, …向後勉励仕御返済可申上候	添紙「出情成立返済口」	一部当座支払
松居久左衛門		前顕金員方法取立, 無相違返納可仕候	添紙「勤中引負金方法取立返済可被成証書」	無断名義借り借用
松居久左衛門		以後商法勉励致, 身元成立次第此御恩借金情々御入金可仕候	添紙朱書「無利子成立証書壱通」	

表10　松居久左衛門家の出世証文

番号	年　月　日	事　書	債務額(当初)	債務額(最終)	債務発生原因	差出人(債務者)
1	文政 3. 3	借用申一札之事	金760両	金700両	借用金	(位田村)・彦左衛門
2	文政10. 4	一札之事	金140両	金140両から金10両3分と銀3匁および返済予定の金18両と銀12匁を差し引いた額(105両)	借用金	信州諏訪方・万屋弥左衛門
3	天保 9. 2.29	出世証文之事	金55両	金55両	貸附会所金	河原町三条下ル三町目南車屋町・伊勢屋和助
4	天保 9. 7	指入申一札之事	金1300両	金910両	(記載なし)	愛知郡勝堂村・五兵衛
5	天保10. 8	一札之事	金770両	金520両	商用金	長右衛門
6	天保13. 3	一札之事	金373両	金96両2分	借用金	北之庄村・中村与七
7	天保15. 8	引負金出情証文之事	金52両	金52両	奉公中引負金	茂助，茂助兄・庄三郎
8	嘉永 4. 3	御礼一札之事	元金30両	金30両と利足	借用金	愛知郡下八木村・五郎兵衛
9	明治 4.11	証文之事	金1069両1分2朱，銀3匁2分8厘	金1069両1分2朱，銀3匁2分8厘	勤中引負金	善助，親・(中林)弥兵衛
10	明治 7. 7.14	証	金2000両	金2000両	商法基手金	松居吉右衛門
11	明治 7. 9	証	2500円	2500円	借用金	山元善三郎
12	明治 8. 4	証	元金2000円	500円	借用金	(綺田村)小杉左右衛門
13	明治 8. 8.24	証	520円	520円	勤務中引負金	月本岩吉方寄留・西村要助
14	明治 9. 9.15	証	3072円	1140円	借用残金	大阪靫南通二丁目・田付宗七，同宗三郎
15	明治10. 1	証	743円31銭4厘	535円18銭6厘1毛	借用残金	坂田郡第八区樋口村・市川幸兵衛
16	明治16. 4.25	証	500円	258円40銭	借用金	神崎郡宮荘村・北村捨吉，同・母・やす
17	明治17. 6.12	＊証	元金750円	1391円79銭8厘	勤務中引負金	三村喜兵衛
18	明治21. 4.30	成立証	5000円	5000円	商用金	松居定兵衛

出典：東近江市近江商人博物館蔵「松居久左衛門家文書」.

注：事書に＊印のあるものは「出世証文」と断定することを保留するもの.

る。とはいえ、明治期の出世証文にも証文としては興味深い事例もあるため、以下では未翻刻のものを見ておくことにする。

譲り渡された証文

出世証文が債権者の手元に残ることは、当然のことである。ところが時として、債権者の名前（宛名人）が、証文を残している人物（家）と、どのような関係であったのか不明な場合もある。先に見た馬場家の例では、馬場家が講や学校積立金貸付方の世話人であったからだという推測ができるが、理由がわからない例もある。松居家に残された一通の出世証文の写しは、この問題を考える上で興味深いものである。

その証文は、明治七年（一八七四）七月一四日付けで、松居吉右衛門が松居久左衛門宛に差し出した「証」（表10の10番）である。証文は写しであり正文ではないが、出世証文に続けて、奥書も写されている。出世証文にも、奥書部分にも、一銭印紙が貼付されていたことを記しているので、公的な消費貸借証文として作成されたことは明らかである。松居家の出世証文に印紙が貼付されるようにな

備　　考
諸道具・屏風・正金にて弁済,借用証文返却
借用証文返却
元金2,000両
家屋敷書入証文返却
元金3,000両のうち当座金1,500両返済
元金250両のうち50両は返済
元金150両のうち100両は返済

表11　松居久左衛門家御礼証文

番号	年　月　日	事　　書	差出人名	用　捨　額
1	弘化 2. 2	一札之事	八島村・八郎右衛門	200両と利足
2	弘化 5. 3	御礼一札之事	吉右衛門	300両
3	嘉永 2. ④	差入申御礼一札之事	京東洞院・近江屋孝三郎, 善右衛門, 嘉助	1,000両
4	嘉永 4. 3	御礼一札之事	愛知郡下八木村・五郎兵衛	30両と利足
5	嘉永 5. 9	一札	京市場烏丸東江入町・近江屋宇兵衛	1,500両
6	安政 2. 9.25	御礼一札之事	位田村・源左衛門	200両
7	安政 5. 4	指入申御礼一札之事	村・庄兵衛	50両
			総計	3,280両と利足

注：4番は表10の8番と同じである.

るのは、明治七年以降のことであるが、写しは次のようであった。

〔史料17〕

証

一金弐千両《ママ》也　明治四未年正月卅日、通帳指引尻金

右は私商法基手金前々より借用仕り、御陰を以て相続罷り在り候ところ、去る明治元辰年莫太の損難相罹り候に付、終に未三月家財等迄売払い、これに仍り取り続きの手段御座なくに付ては、右金指し当たり御返済仕るべき期限相立ち申さず、必至当惑心痛仕り候、殊に先年より度々御赦《ママ》助を請け奉りながら猶亦前条の落却に付、此度よんどころなく右金子の義は後年に至り細々にても出世仕り候上、

尠《すこし》づつたり共御恩済仕るべき義更に御歎願仕り候ところ、不容易御仁実々御憐察を以て御心能く速やかに右願いの趣御承引成し下され、冥加至極在り難き仕合わせに存じ奉り候、

右の通り御聞き済み成し下され候に付、御高恩のほど永々亡（ママ）却仕らず、後証のため指入れ申す出世証書、よって件の如し

明治七年（一八七四）七月十四日　松居吉右衛門印

松居久左衛門殿

（中略）

前書の通り金額弐千円、松居吉右衛門殿出世証書壱通、今般示（カ）談の上、其許殿え正に譲り渡し候条、然る上は向後其許殿名義を以て取り扱い成らるべく候也

明治八年一月　松居久左衛門印

松居捨次郎殿

【右の金二〇〇〇両は、私が商法基手金として以前から借用していたもので、そのお陰で商売を続けることができました。ところが、去る明治元年に莫大な損害を被《こうむ》り、同四年三月には家財などまで売り払わなければならない状況に至ってしまいました。そのため、生計を立てていく手段がなくなってしまい、借用金を返済するべき期限を

予定できなくなり、とても当惑し心を痛めています。ことに先年よりたびたびご救助を受けているにもかかわらず、このような落ちぶれようなので、このたび余儀なく右の二〇〇〇両は、出世払いにしてもらいたいと嘆願しましたところ、容易なことではないのに憐愍の心から了承していただき、ありがたき仕合わせに存じます。このようにご了承いただいたので、ご高恩を永く忘れることは致しません。

（中略）

前に書いてある松居吉右衛門殿が差し入れた、額面二〇〇〇円の出世証書一通は、今般話し合いの上で貴方へ譲り渡しますので、今後は貴方の名義で取り扱って下さい。】

右の証文の後段は、松居吉右衛門が久左衛門に差し出した額面二〇〇〇両の出世証文が、久左衛門から捨次郎に譲り渡されたことを証する内容となっている。すなわち、吉右衛門に対する債権者の権利が、久左衛門から捨次郎へ譲渡されたのである。このように、出世証文が第三者へ譲られていることが明白な例は他に見あたらず、現時点では松居家のみに残されている。この例は債権・債務者ともにいずれもが松居姓であることから、親族間の移譲であると推測される。

明治七年九月二四日付けで滋賀県令松田道之に提出された「旧藩々より扶持米請来候取調御届書」によれば、吉右衛門は久左衛門の「親類代理」として署名していることが判明する（近江商人資料写本第一〇八号「松居久左衛門家文書」）。また先祖と思われる人物は、文政六年（一八二三）の史料では位田村の庄屋として名を見せており、明治四年時には同村副（戸）長として名前が見える。

一方、捨次郎と久左衛門、吉右衛門との関係は定かではないが、これまた同姓であることから親類であったのではないだろうか。捨次郎は明治八年当時は二八歳であったが、太物類（木綿・麻織物）を旅商いしていたようで、同一〇年九月一八日に東京神田佐久間町の安田八兵衛方での出稼ぎから帰村するや、同二九日には小樽へ旅立ち、同一二年一月一一日に帰村し、同一四日には東京深川西元町山口寅之助借家へ引っ越している。一方で彼は唐物《とうぶつ》の他国稼ぎに従事していた人物であった。ここで史料に「唐物」とされる商品は、モスリンなどの輸入織物を意味していると思われる。商家によっては「洋反物」と記されたものであろう（東近江市近江商人博物館蔵「竜田共有文書」）。

右は明治期のものであり、近世期では同様な権利の移譲をともなう証文を確認することができないことから、特殊な事例ではある。ただ、このようなことが必ずしも松居家に限ることではなかったとすれば、出世証文は証券化されて、債権者の権利が第三者へ譲られることもあったということになる。そのような権利の移譲が可能であれば、出世証文が本来証文を取り交わした債権者とは異なる人物（家）に伝来する、ということになろう。それゆえ、右の出世証文の写しは重要な情報を伝えているのである。

新公債証券を担保とする事例

表10の11番の債務額は、借用額面が二五〇〇〇円という巨額になっている。松居家伝来の出世証文は、他家のものと比較すると全体的に出世払いを許容する金額が大きいことが注目されるが、この証文もまた同様である。この証文は次のように記されている。

〔史料18〕

証

一金弐千五百円也　借用

この所え新公債御証券弐千五百円相渡し、右金員正に拝借仕来り候ところ、私儀昨年来不如意打ち続き、迚《とて》も御返済仕り難き事情段々歎願仕り候ところ、各様御集会の上、格別の御引立を以て右金高、此度新公債相納め済まし方御承知の御熟談成し下せられ、有り難き仕合わせに存じ奉り候、然る上は向後丹誠致し、成り立ち候上は忘却なく不足の分返金仕るべく候、これにより出情証文件の如し

明治七年九月　山元善三郎(印)

松居久左衛門殿

【金子二五〇〇円を借りるにあたり、額面同額の新公債証券を（抵当として）差し出し

借用したが、私は昨年来経済的に困窮していて、とても返済することが難しい事情を嘆願したところ、各様が集会されて（相談の上）、格別に目をかけていただき、借用金については新公債を（会社が）受け取り解決済みとする熟談がまとまり、ありがたき仕合わせに存じます。今後は誠意をもって働き、家産が再興した時には、忘れることなく不足分を返金します。】

右の「証」を見る限り、山元善三郎（包紙上書には山本善三郎と記されている）は、新公債証券二五〇〇円を担保にして、現金二五〇〇円を借用していたことがわかる。借用年月日や返済限月および利足などについては判然としないが、借用時の借用証文には明記されていたものと推測される。しかし、前年来の不如意によって返済することが困難となり、その事情を歎願したところ、出世払いを許されたということがわかる。おそらくは新公債の時価は二五〇〇円を下まわり、担保価値が低下してしまったのであろう。

ただ、右の証文の宛先は松居久左衛門であるが、本文には善三郎の歎願を受けて複数の人物が「集会」したとあるところから、「各様」は久左衛門や、名前は明記されていないが複数の債権者たちであったと思われる。それゆえ、証文作成の年月を勘案すると、この証文は、久左衛門が後に検討する大津為換会社《おおつかわせかいしゃ》の一員であったことから（170頁）松居家に伝わったものではないか。

「成立証」と事書する証文

松居家の出世証文では、明治期になると多くの場合、出世することを「身元成立《みもとなりたち》」のように表現するようになっていることも注目される。それらの出世時を表現する記述は、すでに紹介した表3（73頁）の表現や、表10の「出世払文言」あるいは「包紙・帯封上書、添紙などの抜書」欄を見ても歴然としている。とりわけ、表10の18番の明治二一年（一八八八）四月三〇日のものは、事書そのものが「成立証」とあり、次のように記されている。

〔史料19〕

成立証

一金五千円也　　但し、無利子

右の金員、此度拙者商法上不如意に付、御歎願仕り候ところ、格別の御仁恵を以て成立の上、御返却仕るべき様御承知に預かり候段、有り難き仕合わせに存じ奉り候、就いては以後商法勉励致し、身元成り立ち次第、此の御恩借金情々（ママ）御入金仕るべく候、よって成立証件の如し

明治廿一年四月三十日　　松居定兵衛（印）

松居久左衛門殿

【このたび私は商売に困っているので、五〇〇〇円を無利子で貸して下さるよう嘆願

したところ、上手《うま》く行くようになったら返済することを了解していただき、ありがたき仕合わせに存じます。ついては、この後商売に勉励し生活できるようになり次第に返済します。】

証文の差出人である松居定兵衛と久左衛門との関係は不明であるが、同姓であることや貸付額が多額であることを考慮すると、先の吉右衛門同様に親類であったのかもしれない。定兵衛が商業に従事していたことは文面からも明らかであるが、問題はこの五〇〇〇円は、これまでに弁済すべき債務の累積総額なのか、新規に借用したものなのか判然としないことである。手元不如意の現状は、これまでの債務が五〇〇〇円にまで累積した結果であり、現況においては弁済が不可能なため「身元成り立ち」次第に返済することを約定して、無利子の借用証文としてこの証文を取り交わしていると解釈することができる。そうであれば、他の一般的な出世証文と同じである。

ところが、手元不如意である現状を打破するために、新規に無利子で五〇〇〇円を借用したものであり、身元立ち直り次第、すなわち将来において家産が再興した時に弁済することを約束しているとも読める。この場合は、先に出世証文の書式の例として掲示した「出世借用証文」に類するものと言うことができよう。この証文をいずれのものとして確定するには、もう少し関連史料の発掘を待たなければならない。

さて、五代久左衛門松寿は安政二年（一八五五）に家督を継ぐが、その時には二四歳であったこともあって、叔父太七の後見を受けていた。年々の「書出帳《かきだしちょう》」に自筆で記すようになるのは元治元年（一八六四）以降であった〔江頭一九七五〕。したがって、当代の出世証文のほとんどは「証」と事書きされているものの、出世することは「身元」を「成り立ち」させることと考えていたと判断してよいだろう。抽象的に「出世・出情・立身出世」というような表現ではなく、それは生活ができるようになるという具体的な姿を示す表現で証文を書かせたことになる。そして、「証」では本文中に記された表現が、最終的には事書に記すことに結びついていくのだろう。ここに当代の出世観が反映していると見なすのは強引にすぎるだろうか。

ただし身元成り立ちに類する表現は、松居家に限ったことではない。馬場家では、明治三年（一八七〇）閏一〇月の出世証文の事書が「身元立直証文之事（表8の13番）」とあり、嘉永六年（一八五三）九月の証文本文中にも「身元相応に相成り候節」（「市田清家文書」・五個荘町）、慶応四年（一八六八）八月の「相応の成り立ち」（市田太郎兵衛家・表12の8番）、明治一二年一月一八日「出情成り立ち」（「高田善右衛門家文書」・五個荘町）などの表現が見られる。また、西川伝右衛門家にも残されている（155頁）。とはいえ、身元成り立ちを表記する複数通の証文が残っているのは松居家のみで、当家の特徴の一つである。

松居家の証文と陰徳善事

松居家の出世証文は、債務額が高額であることが共通している。そこで注目したいのは、久左衛門家の資産は明治六年（一八七三）以降は減少していることである。明治五年には銀四五五四貫匁余（金一両＝銀五四匁換算すると金八万六〇〇〇両余）であった資産は、翌年には金換算して五万一〇〇〇両余となり、さらに翌年に一円＝銀五四匁換算して五万円余となり、明治二一年には四万五〇〇〇円余であった。すなわち、五代目が経営に携わった晩年期は、資産が逓減《ていげん》していっているのである〔江頭一九七五〕。

このように、経営が悪化している時期に、右に見たような多額な債権を出世払いにさせていることをどのように理解すべきだろうか。もちろん資産が減少しているとはいえ、他の商家に比べれば所有する資産額は巨額であり、債権回収を不定時の期間凍結したとしても、ただちに生活に窮するほどではなかったことも明らかである。

この点に関わって末永國紀が、松居家における出世証文・御礼証文が債務免除・債権放棄を意味していることから、そこに「借り手を勉励する意味合が推量されるのであり、陰《いん》徳善事《とくぜんじ》の側面からも考察すべき要素を含んでいる」と指摘していることは重要である。筆者もその視点を首肯するものである。ただ問題は、末永が検討したのは四代当主以前の出世証文だけであり、御礼証文に至っては安政五年四月以降のものは見あたらない（表11）

ことをどう評価するのか、説明を欠いている。また、幕末期の「出情証文」と「御礼証文」が一括して保管されていたとされるが、同一の袋などに納められたり、紙紐で一緒に括られていた形跡はない。おそらくは、五代当主の時代以降に帯封を用いて整理された状態を反映させていると思われる。

とはいえ、近江商人の陰徳善事の側面を考慮すべきだと指摘する点を考慮する必要はあるだろう。明治時代の御礼証文を確認できないにせよ、前述のように高額の出世証文が残されていることは、資産が逓減していく状態にあっても、すべての債権を回収することなく出世払いを認めていることを示している。その点に「借り手を勉励する意味合」いを読み取ることはできる。ただし、松居家はともあれ、他のすべての事例も近江商人による陰徳善事の実践だと評価することも極端にすぎるだろう。経済合理的な考えに基づいて出世証文を取り交わしていると判断することもできる事例があるからである。それゆえ、それぞれについて、証文が手交された事情や背景を考慮して評価すべきであり、陰徳善事としてのみ評価するのは、皮相的な理解になりかねないのである。

市田太郎兵衛家

市田家の沿革と歴代

市田家に残された家系図によれば、先祖はかつて佐々木六角《ささきろっかく》氏に仕えた武士であり、六角氏が永禄一一年（一五六八）に織田信長との観音寺城の戦いに敗れて没落したのにともない、農業に従事するようになったとされている。帰農した市田氏の祖は兵部少輔《ひょうぶしょうゆう》重定とするが、真偽のほどは定かではない。井上政共『近江商人』には「市田喜助の事」として市田家が取り上げられているが、それによれば一三世吉兵衛の時に足袋《たび》の製造販売を行い始め、神崎郡北町屋《きたまちや》村（五個荘町）に転居して商業を営んだとされている。そして、一五代太郎兵衛の時代には商賈《しょうこ》として名を挙げ、同郡金堂《こんどう》村（五個荘町）の富商外村与左衛門《とのむらよざえもん》の妹を娶《めと》り子をなしたが、いずれも夭折《ようせつ》したため、市田源左衛門の弟を養子に迎えたとする。この人物が天保年間（一八三〇～四四）の一六代目喜助であった。彼は遠州・駿州・相州・武州に絹布の持ち下り商いを始め、名を挙げたようである。

ただ明治期の「戸籍簿」類（「北町屋文書」）によれば、喜助の息子と思《おぼ》しき一七代太郎兵衛は天保一〇年（一八三九）一〇月に生まれているが、職業の肩書きは「農」（明治五年）であったり「商」（同九年）とされている。この太郎兵衛が、前代からいつ家督を譲られたのかは判明していないが、明治一六年（一八八三）六月には戸主を息子に譲っていることがわかる。この時、一八代太郎兵衛は明治二年七月生まれなので、一四歳で家督相続したことになる。

先の市田家系図に付されている家族名を戸籍簿類と照合させると、喜助は義固、一七代目は義方（義二）、一八代は義孝、一九代は義隆と称している。義孝には長男源之丞（義徳）がいたが、一九代太郎兵衛は分家の太三郎四男禎蔵で、本家の養子となり、家督を継いでいる。また、歴代当主は太郎兵衛を襲名する前には、「源之丞」と名乗ったようだが、この名前は、元は蛸薬師《たこやくし》室町東入る（京都市）に所在した京店（近江屋）の店名義であった。これらの歴代当主は、史料の断片的な情報を継ぎ合わせたもので、とりわけ近世期については、確証できるものを欠いている。

市田家に伝来する出世証文は、表12の一二通を確認している。このうち年月日の記載がないもの（12番）は、保存されている状態を勘案すると、京都の両替商であった伊勢屋藤兵衛の倒産に関連しているものだと思われ、そうであれば文久三年（一八六三）の頃だと推測できるが、確証はないので（記載なし）として整理しておいた。

市田家の出世証文

市田家の出世証文のなかで、取り上げておきたいものは2番である。この事例は高額な債務がどのように軽減され、出世証文が取り交わされるのかを具体的に知ることができるだけでなく、債務者本人が直接署名・押印しているものではないという点でも興味深いものである。次に史料を掲げる。

〔史料20〕

指入れ申す一札の事

一金千百四拾三両壱歩弐朱　銀五匁弐分弐厘

内

金五拾両　当金にて指入れ申し候事分

金百両　年賦にて指入れ申し候分　但し、別紙の分

金五百両　是は当金前書の通り五拾両指入れ申候に付、御勘弁済ましに

成し下され候分

〆金六百五拾両

引残り金四百九拾三両壱歩弐朱　銀五匁弐分弐厘残金也

一私弟忠八、金子并びに代呂物《しろもの》代相滞り候に付、御訴訟に相成り、よって私引請け、先達て以来容易成らず御上様へ御苦労を懸け奉り恐れ入り奉り罷り在り、これ迄段々御懸合《かけあい》御頼み申し上げ居り候て、この度当村役人并びに仲人両人を以て、私必至と難渋の義段々御歎き御頼み申し上げ候処、貴殿一不通（ママ）御勘弁御用捨の上、金子前書の通り残金の処出精仕り候迄御用捨成し下され、何とも申し上げ様も御座なく、両親始め弟和介家内子供に至る迄重々有り難き仕合わせに存じ奉り候、然る上は莫太の御蔭により此の後兄弟共精々相働き出精仕り候次第捨置かず、右残金御埒合《らちあ》い仕るべく候、なおまた忠八引戻し候義、御上様より仰せ渡され候に付、帰宅仕り候はば相拵《かせ》がせ出精仕り候上、返弁仕るべく候、段々御勘弁御用捨の段有り難く存じ奉り候、これにより親類村役人仲人加判仕り出精証文指入れ申す処、よって件の如し

嘉永二年（一八四九）酉二月　愛知《えち》郡大門《だいもん》村

厚　次（印）

宛名人(債権者)	請人・保証人	出世払文言	包紙上書などの抜書	備　考
江州北町屋村・市田太郎兵衛	柳馬場蛸薬師上ル・親類・山崎屋伝兵衛	精々商売向相励ミ出情仕候ハヽ，…追々ニ無相違急度差入可申候	(なし)	
神崎郡北町屋村・(市田)太兵衛	親類・十蔵，同・増左衛門，庄屋・千兵衛，横目代・市兵衛，宇尾村・取噯人・八郎右衛門，石寺村・同・宗右衛門	此後兄弟共精々相働，出精仕候次第不捨置，右残金御埒合可仕候	(なし)	当座金・年賦金払，500両用捨
太物会所御元方衆中	仲人	此末出精仕候節者，少しニ而も御勘定可仕候	(なし)	一部払
北町屋村・太郎兵衛	親類・増右衛門，証人・徳郎右衛門	及後年ニ出情仕候ヘハ急度御勘定可仕候	奥村金兵衛　出情証文壱通	
市田太郎兵衛	請人・与兵衛，同洞太郎	致出情仕候ハ者，聊ニ而も御返金可仕，尤も相応之身分ニ相成候者ハ，急度御返弁致，御恩報可仕候	出情証文弐通入　元金滞り七拾五両　利息滞り百四両	
町屋・市田太郎兵衛，清助		出情仕候ハヽ毛頭不捨置御返済可申上候存意ニ相違無御座候	元治二乙丑七月五日出情証文　壱通	一部分散金払，住居勘弁
市田太郎兵衛	親類・万兵衛	相応之身分ニ相成候ハヽ，為御報恩聊宛ニ而も追々御返金可仕候	(なし)	譲り戻し
市田太郎兵衛	親類・証人・吉次右衛門，隣家・元昇	相応之成立も仕候ハヽ如何様ニも返弁方可仕候	出情証文　壱通	当座金払
市田太郎兵衛		抽丹誠出世仕次第返済可仕，…恩義忘却不仕，子孫ニ申伝急度返済可仕候	(なし)	半分返済，一部別紙証書差入
市田太郎兵衛		追テ相応之資力ヲ有之候上は，残金員弁償可致候旨子孫ニ申伝，忘却不仕候	出世証　壱通	一部弁済
同郡同村・市田太郎兵衛		子孫ニ申伝江，出情之上ハ無相違御返済可仕候	出情証文	
市田屋太郎兵衛	後見・清八，親類・同・源七，同・伊豆蔵屋嘉右衛門	仮成ニ渡世致候様相成候ハヽ，多少ニ不限年々御返金御恩送り可仕候	(なし)	

137　市田太郎兵衛家

表12　市田太郎兵衛家の出世証文

番号	年　月　日	事　書	債務額(当初)	債務額(最終)	債務発生原因	差出人(債務者)
1	弘化 3. 4	出世証文之事	金1154両	金1154両	呉服物代金	京都両替町三条上ル町・美濃屋徳兵衛
2	嘉永 2. 2	指入申一札之事	金1143両 1 分 2 朱, 銀 5 匁 2 分 2 厘	金493両 1 分 2 朱・銀 5 匁 2 分 2 厘	弟借金并代呂物代	近江国愛知郡大門村・厚次
3	嘉永 2. 9	出精証文一札之事	銀200匁 1 分	銀120匁 1 分	白木綿代	(犬上郡彦根)下魚屋町・長平
4	嘉永 5. 3	出情証文之事	金15両 2 分	金15両 2 分	帯地代	(神崎郡)奥村・金兵衛
5	文久 2. 4.18	指入申出情証文之事	元金400両	金179両	借銀元利	(神崎郡北町屋村)・与左衛門, 忰・仙次郎
6	元治 2. 4	差入申出情証文之事	金330両	金279両	借用金	(神崎郡)木流村・佐平, 忰・義介
7	慶応 3. 7	差入申出精証文之事	金290両	金290両	家屋敷代・修復代	孫右衛門
8	慶応 4. 8	差入申一札之事	金20両	金14両	借用金	(北町屋)村・清右衛門
9	明治 8. 4.28	出世証文之事	元金2000円	600円	借用金	(神崎郡町屋村)33番屋敷・塚本為次郎, 同・塚本武助
10	明治18. 2.19	出世証	1000円	685円	借用金	市田重治郎
11	明治22. 2	出情証文	175円	175円	(記載なし)	神崎郡北町屋村・林吉郎右衛門
12	(記載なし)	出世証文之事	(記載なし)	(記載なし)	商売元手金借用	伊勢屋清次郎

出典：東近江市近江商人博物館蔵「市田太郎兵衛家文書」.

親類　十　蔵（印）

同　増左衛門（印）

庄屋　千兵衛（印）

横目代　市兵衛（印）

宇尾村
取曖人《とりあつかいにん》　八郎右衛門（印）

石寺村
同　宗右衛門（印）

神崎郡北町屋村
太兵（ママ）衛殿

【私の弟の忠八が借用金や商品代金の支払いが滞ったため訴えられ、私が訴訟を引き受けてから何かと上様に迷惑をかけて恐れ入っております。これまで何度か交渉しておりますが、このたび大門村役人と二人の取扱人を通じて、私がとても難渋していることを嘆願しましたところ、貴殿はひとかたならぬご許容の上、（当座払いや年賦借用・債権放棄分を差し引いた）残金を出世するまで弁済猶予にして下され、両親はじめ弟の和介や家内・子供に至るまで、言葉に尽くしがたいほどありがたき仕合わせに存じます。それでこの後は、兄弟とも精励して働き、出世次第に等閑にせず残高の四九三両余を弁済します。また、忠八も引き取るよう上様からご指示があったので、帰宅したならば稼がせて、出世したならば返済いたします。】

この例は、大門村（愛知川町）の忠八が総額金一一四三両一分二朱・銀五匁二分二厘の借用金と商品代金の返済を滞らせたため、北町屋村の太兵衛が出訴したことを受けて、兄の厚次をはじめとして親類・村役人・取曖人たちが連署・押印した出世証文である。

このように、債務者本人が債務を弁済できず出訴されてから、仲人や郷宿《ごうやど》（地方から訴訟のため奉行所などに来た者が宿泊する宿屋。訴訟の助言なども行った）などが斡旋して弁済方法を債権者と交渉し、最終的に出世払いを了承してもらっている事例は数例確認できる。しかし、それらは結果として内済できた係争であり、交渉が決裂すれば最終的には公権力による裁許が下されることになる。また債権者の太兵衛は一六代太郎兵衛の弟だと推測できるが、この当時に分家して独立した経営を行っていたのか、兄を手伝っていたのかは判然としない。いずれにしても、史料自体は太郎兵衛家に伝来している。

右の事例の直接的な債務者は、大門村厚次の弟忠八であった。彼は出訴されたことにより、何らかの身体拘束を受けたようであり、また弁済能力もなかったと思われる。それゆえ、兄の厚次が弟に代わって出世証文を認《したた》めることになったのであろう。ただこの例でも、債務の総額を出世払いしているのではないことが明らかである。とりあえず債務総額の一部を当座に現金で支払った上で、一部は年賦払いの約束をし、さらに一部は「勘弁済」ましとして債権を放棄してもらい、それらの残額を出世払いにしてもらっている。

このような債務弁済処理の後に、当事者たちが出世証文を作成する例は、史料9（64頁）でも紹介したが、その他でも、元治元年（一八六四）九月の神崎郡山本《やまもと》村（五個荘町）の弥七が、同郡木流村の忠左衛門に宛てた出世証文（「深尾忠一郎家文書」）なども存在する。少なくとも、嵩《かさ》んだ債務の全額を弁済せず、一部なりとも当座払いすることで弁済する意思（誠意）を示し、残りの債務の支払いについても、債権者による債権の放棄（用捨）を含めたさまざまな対応がなされたのである。

債務が高額な場合、かなりの金額の債権を放棄してもらっている傾向にある。また証文の文面によっては、用捨された分についても、出世した折には弁済する意思を示していると読み取れるものもある。

なお補足すると、弟の和介は市田家に「出情奉公」していたが、不始末があり解雇されている。しかし、難渋している旨を嘆いたところ、一二五両を下賜され、嘉永二年三月に「御礼」証文を差し入れている。御礼の証文には、「大門村　忠右衛門悴　当人　和介」とともに「同人兄　証人　厚次」が連署・押印している。

出世証文作成前の多額な債務額や五〇〇両も勘弁済ましにしてもらっていることから、忠八は市田家とかなり懇意な呉服太物類の取引関係にあったと思われる。それにしても、戸主として他国稼ぎを行っていた厚次は、同じ年に二人の弟の不始末のために出世証文を書き、御礼証文にも証人として名前を連ねる羽目に陥ったのであった。

担保屋敷の譲り戻し

通例の債務は借用金や商品代金の支払い滞りが原因であるが、表12の7番の事例は、そのことが発生原因ではなく、事後処理も興味深いものである。

〔史料21〕

差し入れ申す出精証文の事

嘉永七甲寅《（一八五四）》十一月永代売渡し証文

一金弐百五拾両也
　屋敷地の内五畝九歩余
　　表通りにて御譲り戻し下され候分代金也
　右同断
一金弐拾五両也
　本家壱軒建具付にて、右引当に差し入れ置き申し候分
　　御譲り戻し下され候代金也
一金拾五両也
　御座敷壱間建添《たてぞえ》分并に修覆入用
右の通り私住宅御座なく、差し当り迷惑仕り候に付、御譲り戻し成し下され候様御願申し上げ候処、御承知下され忝く存じ奉り候、則ち右の代金ただ今取揃え御渡し申すべき筈の処、格別の御勘弁を以て、出精証文に成し下され千万在り難く御厚恩の程子孫に至る迄忘却仕り間敷候、追々家業筋丹誠仕り相応の身分に相成り候はば、御報恩のためいささか宛にても追々御返金仕るべく候、これにより親類連印証文差し入れ申し候処、仍って件の如し
　慶応三年（一八六七）
　　丁卯七月
　　　　　　　　孫右衛門（印）
　　　　　親類
　　　　　　　　万兵衛（印）
市田太郎兵衛殿

【右に記した通り、私には住宅がなく現在困っているので、嘉永七年一一月に売り渡したり抵当に入れていた家屋敷（の一部）を譲り戻して下さるようお願いしたところ、承知していただき、かたじけなく存じます。そこでこの代金を揃えてお渡しすべきですが、（現在は余裕がないため）格別のお取り計らいで出世証文を取り交わすことにして下され、このご厚恩は子孫に至るまで忘れることはありません。この後、家業に精出して働き、相応の身分になったならば、追々に返済します。】

一読してわかるように、孫右衛門は嘉永七年（安政元、一八五四）一一月に家屋敷を売り渡していた。しかし、慶応三年に至り、住宅がなく生活に困るということで、これらの家屋敷を戻してくれるように願い出て了解されたようである。とはいえ、戻してもらうためには当然ながら代金が必要であるが、手元に資金はないため、出世払いにしてもらっている。これら家屋敷の売買に関しては、他の史料から次のような事情が判明する。

まず二五〇両分については、嘉永七年一一月の売渡証文（「永代譲渡し地面証文の事」）によれば、一反一八歩の地面であり、金五〇〇両で売却していたことがわかる。孫右衛門は、その一部を半額で譲り戻してもらったのである。彼はこの地を、当分は畑にして耕作するつもりであった（慶応三年七月「取り替わせ約定書の事」）。また二五両分は、嘉永七年一一月に建具付の家を担保にして借用した金額と同一である（「差し入れ申す借用金証」）。そして一五両分は、座敷の建添・修復に必要な額であった。売却した地面の半分と家ともに、嘉永七年一一月に売却・借用した時と同額で、譲り戻してもらっていることが明らかである。

すなわち太郎兵衛は、この譲り戻しに際して、何らの利益を得たわけではなく、むしろ増築・修繕費用を貸し与えたことと同様であった。以前に土地や家屋を購入し、担保付で貸し付けた額は五二五両であり、貸付金も結局は元利が返済されなかったため、太郎兵衛のものになっていた。にもかかわらず、新たに二九〇両分を出世払いにすることを許している。しかも注目されるのは、孫右衛門が二五両を借用した時、その返済限月は「来る卯八月」だったことである。この卯年は、借用した翌年の安政二年だとは考えがたく、慶応三年だろう。

このことから、おそらく孫右衛門は元利弁済の限年月が間近に迫ったものの、皆済の目途は立たず、そのままでは担保に入れた家を取り上げられることになるため、継続して居住できるように譲り戻しを願ったのだと思われる。さりとて当座に支払うべきお金もないため、限月の一か月前に出世払いしたいと願い出たのだろう。

債務が嵩んだ結果、家屋敷・家財諸色も売り払って当座に支払う金を調達している事例はある。そのような事態に立ち至った時、債務者にそのまま家屋敷に居住することを許すか、あるいは立ち退きを求めるかは、さまざまな事情によって異なるだろう。孫右衛門がなぜこのような寛大な対応を受けることができたのかはわからない。そこにどのような理由があったのか解明することは、当事者の関係を考える上でも重要であるが、今後の課題である。

大橋半右衛門家

大橋家の概要

58頁で紹介した大橋半右衛門《おおはしはんうえもん》家は、浅井郡曽根東福寺村《あざいそねとうふくじ》（びわ町）に居を構えた商家である。しかし、現存する史料（「大橋悦男家文書」）には、家譜や系図などの歴代を記す文書はなく、歴代当主表を作成することは難しい。また店卸帳の類いも伝来しないため、経営の実態も定かではない。大橋家が所在した村は、曽根村の北方に位置しており、近世期には曽根村とのみ表記される場合もあったが、村高三〇〇石の独立村であり、近世を通じて山城国淀藩《よどはん》領であった。

伝来する文書から推測すれば、近世期には金融業と生糸問屋を兼業していたようである。また、金融業に関しては、近世期の年号が記された多数の金銀借用証文類が残されている。また、明治三六年（一九〇三）一〇月に「共産合資会社」を設立・登記しているが、その際に、以前は当主半右衛門と子息半治郎名義で「金銭貸付業」をしてきた旨述べている史料が残されていることから、近世期から金融業を営んでいたと思われる。

村政に関わっては、天保四年（一八三三）一二月に先代半右衛門は庄屋格御免となり六年務めたあと、同一〇年一二月には当代半右衛門が同様に庄屋格を仰せ付けられている。その後、嘉永二年（一八四九）四月には独礼御免《どくれいごめん》、同三年一二月に三人扶持《さんにんぶち》御免、同七年一二月に名字帯刀《みようじたいとう》御免、万延元年（一八六〇）六月に二人扶持加増となっている。そして年未詳六月の史料では、三人扶持・大庄屋格が「帯刀庄屋格　大橋半右衛門」に仰せ付けられていることも知られる。この半右衛門は先代の半右衛門だと推測できることから、天保五年から一〇年の間の年であったと判断してよいだろう。

さらに「辰閏四月」の日付を持つ文書では、「会計御基金御用掛」を淀藩から仰せ付けられ、御用中は名字帯刀を御免されている。おそらくこの辰年は明治元年のことだと思われる。先に当代の半右衛門と記した人物は嘉永七年一二月に名字帯刀御免となっていることから、この時の半右衛門は、その子息であろう。すなわち、明治三年三月の「近江国浅井郡東福寺村切支端（ママ）宗門御改帳」によれば、当主の半十郎は四八歳であり、隠居（養父）の季登は六四歳とある。また、長子の半次郎（明治五年の戸籍によれば半重良とある）は一八歳であった。この半十郎が会計御基金御用掛を任じられた半右衛門だと思われる。この人物は、明治九年一二月時点で死去している。それゆえ、先の共産合資会社の設立に関わった半治郎は、宗門改帳に載せられている半次郎であろう。もっとも、明治三七年一〇月四日に無限責任社員（会社が倒産した際には、自己の財産を提供する責任を負う社員）であった大橋半治郎は、共産合資会社代表を辞任するとともに、出資金は親類の大橋弁治郎に譲渡している。

ところで、年未詳卯年六月の史料によれば、当家は「農業の間、糸問屋商売仕り」とあり、また明治七年六月一二日に滋賀県から「長浜《ながはま》生糸《きいと》改会社《あらためかいしゃ》」の副社長に申し付けられている。生糸改会社は同六年一月一二日に設立されたが、その際に半右衛門は「生糸改会社取扱役」を任じられたようである。しかし、同七年二月一〇日付けで、当時は戸長を務めているため取扱役を休役したいと願い出ている。同九年一二月一五日には、半右衛門が死去したため、生糸売買鑑札《かんさつ》を返納している。

右の限りでは、生糸を取り扱う仕事は明治九年一二月頃まで続くが、その後は金銭貸付業を主な生業としたのではないかと思われる。というのは、同六年三月二三日付けの史料によれば、半右衛門家は「近来不仕合《ふしあ》わせ、手元不如意《ふにょい》、融通方差し支え、当惑難渋」している状態で、「相続方《そうぞくかた》仕法《しほう》に取り掛かり、所持の土蔵・諸道具を売払い、細々とも百姓のみ相続したい」旨を記しているのである。この真偽のほどは明らかとならないが、半十郎から半次郎への代替わりの前後の時期に、生糸問屋業と金融業の兼業経営の見直しが行われたのではないかと推測できる。

大橋家最初の出世証文

当家には、表13に掲げた一五通の出世証文が残されている。このうち2番は史料7として58頁で紹介している。最も古い年紀の出世証文は1番で、次のように認《したた》められている。

〔史料22〕

覚

一銀壱貫目也

右は糸代残銀子、此度品蔵殿御世話にて出世立銀に御済まし下され、有り難く存じ奉り候、然る上は私義立身仕り候得ば急度《きっと》相渡し申すべく候、よって出世証文件の如し

文化八年（一八一一）未五月十四日　岩滝村

市右衛門（印）

大橋半右衛門殿

【銀一貫目は糸代銀の残額ですが、このたび品蔵殿のお世話で出世払いにして下され、ありがたく存じます。この後は私が立身しましたら、きっと弁済します。】

証文の事書は「覚」であるが、本文末尾で「出世証文」であることが明記されている。

宛名人(債権者)	請人・保証人	出世払文言	包紙上書の抜書	備　　考
大橋半右衛門		立身仕候得者急度相渡し可申候	一札	
曽根村・大橋半右衛門		出世仕候ハヽ急度返済可申候	(なし)	
江州坂田郡列見村・惣助，同州浅井郡曽根東福寺村・半右衛門	(峯山上町)・請人・紺屋市左衛門	此末相応之商売も仕候ハヽ，其節急度返済可仕候	上　丹州峯山　壺太証文	内済
江州曽根・大橋半右衛門		立身出世仕候ハヽ，…元銀御返済可申上候	証文　丹後峯山文孫	当座払・年賦払
江州坂田郡新庄馬場村・真佐右衛門	証人・墨屋市三郎	相応出世仕候ハヽ，…及御返済ニ可申候	上　出世証文	
大橋半衛門		立身仕候ハ者少々ニ而茂冥加之為相立可申候	(なし)	一部弁済，永代借用
江州曽根・大橋半右衛門		立身仕候節者，…少々宛ニ而も相立可申候	(なし)	永借負
江州浅井郡曽根村・半右衛門		出情いたし候節ハ，…御返済可申上候	証文	無利足永貸
江州・大橋半右衛門，同卯助	証人・(吉田屋)市五郎	出情仕候得者，急度相立可申候	出世書付　壱通	三歩金立
大橋半右衛門・卯助	世話人・大和屋専治良	出世仕候節者元金無相違御返済可仕候	一札	
大橋半右衛門		此末情々相稼，相応之渡世仕候節ハ，何時ニ而茂…急度返済可仕候	(なし)	
浅井郡曽根村・大橋半右衛門		私シ出世次第急度返済可申候	出世書付　壱通	一部建具等で弁済
浅井郡曽根村・大橋半右衛門		出世次第実意ヲ以急度返済可申候	一札　出世証文　アミ九	家屋敷諸道具引当
江州彦根・大橋半右衛門		出世致し，右之金高御返済可仕候	出世証文壱通入	
大橋半右衛門		子孫末々至り迄，出世次第実意ヲ以急度返済可申候	出世証文	一部当座・年賦払

表13　大橋半右衛門家の出世証文

番号	年　月　日	事　書	債務額(当初)	債務額(最終)	債務発生原因	差出人(債務者)
1	文化 8. 5.14	覚	銀１貫	銀１貫	糸代残銀	丹後国岩滝村・市右衛門
2	文化 8.12	覚	金１両	金１両	借用金	飴屋孫兵衛
3	文化12. 6	証文	銀６貫	銀６貫	不埒之懸合	丹州峯山上町・壺屋太兵衛
4	文政 7.11	覚	銀６貫	銀２貫	糸代銀	丹後峯山村・文▨▨孫平治
5	天保 9. 6	出世証文之事	銀７貫	銀７貫	借用銀	丹州峯山上町・銭屋助三郎
6	天保 9. 6	覚	銀26貫	銀19貫300匁	借用銀	蔦屋忠衛門
7	天保 9.10	出世証文一札之事	銀４貫280匁	銀４貫280匁	糸代残銀	丹後峯山・宮津屋惣三良
8	天保10. 9	一札	銀600匁	銀600匁	借用銀	丹後網野村・七兵衛
9	天保13. 8	覚	金120両	金79両	糸三箇代残銀	丹後峰山・吉田屋八郎助
10	嘉永 7. 4.30	出世証文之事	金20両	金20両	糸代銀	網ノ・田丸屋与八
11	安政 7. 6	差入置申候一札之事	銀１貫目	銀１貫目	糸代銀	▨井・四郎左衛門
12	慶応 3. 2.27	恩借一札之事	金1158両	金100両	借用金	伊香郡田居村・源内
13	慶応 4. 1	借用申金子一札之事	金676両２分１朱	金276両２分１朱	地頭上納銀借用	坂田郡長浜知善院町・網屋九兵衛
14	明治 2. 3. 4	金子借用申出世証文之事	金90両２分２朱と銀１匁１分７厘	金90両２分２朱と銀１匁１分７厘	糸代銀	丹後与謝郡加悦町・手木屋儀三郎，倅儀助
15	明治 8. 2	出世証書	1867円37銭５厘	745円50銭	蚕種製造元入金	浅井郡第９区曽根村・小川惣右衛門

出典：滋賀大学経済学部附属史料館寄託「大橋悦男家文書」.

一方、出世の時期は「立身」した時であるとするところから、市右衛門にとっては立身と出世は同義語として用いられていることも明らかである。また表13から明らかなように、大橋家に出世証文を差し出している債務者には、丹後国《たんご》与謝郡《よさ》・中郡・竹野郡（京都府）などの町村の住人が多く見られ、債権・債務関係の発生が糸代銀の未払であることが共通している。このことから債務者は、丹後縮緬《ちりめん》の生産に関わる人々であったと推測できる。

三歩金立ての弁済　これまで紹介してきた事例でも明らかなように、もともとの債務額と出世払いにしている額が一致しないことは多い。それは債務の一部が用捨されたり、当座に何らかの対応がなされた上で出世証文を作成したことを示している。大橋家においても、天保一三年（一八四二）八月に取り交わされた出世証文（9番）は次のように認められており、弁済方法の多様性を見ることができる。

〔史料23〕

覚

一金百弐拾両也　　但し、糸三箇代

右の金子慥《たし》かに借用仕り候ところ実正也、然るところ私義商売不如意に付、各々銀主様方へ三歩金立て相願い、則ち尊君様へも御願い申し上げ候ところ、御当惑の趣に候得ども、段々相願い申し上げ候ところ御承引成し下され、忝き仕合に存じ奉り候、

（中略）、則ち立金左の通り

覚

一金三拾六両　三歩金立て

内金弐拾両　縮緬返金相渡し

同　拾両　此度立金仕り候

同　六両　品物ニ而御請取り下さるべく候

同　五両　岡仁講通相渡す

〆

引残金七拾九両のところは、私ども少々に而も出情仕り候得ば、急度相立て申すべく候、後日のため出情証文、よって一札件の如し

天保十三年寅八月

丹後峰山

借り主　吉田屋八郎助（印）

証人　同　市五郎（印）

江州

大橋半右衛門殿

同　卯助殿

【糸三箇の代金一二〇両を借用していることは間違いありません。しかし、私は商売が上手くいっていないので、債権者の方々に三割弁済（し、残額を出世払いにすること）をお願いし、貴方様にもお願いしましたところ、当惑されたようですがご承知下され、とても仕合わせに存じます。当座にお支払いした残額の七九両は、少しでも出世しましたら弁済します。】

証文の差出者である吉田屋の債務は「糸三箇」の代金一二〇両であった。吉田屋には大橋家以外にも債権者がいたことは、本文からも明らかである。この債務を弁済するにあたって吉田屋は、大橋家を含む各債権者に対し「三歩」（三割）だけを支払うことで了解・用捨してもらいたいと願っている。大橋家は、この申し出に「当惑」したものの了承している。吉田屋はそれゆえ、三歩にあたる三六両のうち二〇両は、「縮緬返金」を渡している。この縮緬返金とはどのようなことを意味するのか確証はないが、おそらく商品の縮緬を相殺したのではないだろうか。そして一〇両は現金で支払い、これに加えて六両分の「品物」と「岡仁講通」五両分も渡している。「品物」「岡仁講通」も判然としないが、後者は講金の掛金払い戻し権の譲渡を意味するのだろう。以上の支払った分は総額四一両であり、現実には「岡仁講通」分だけ三歩金立てを超えている。この結果、出世払いになる金額は七九両だということになる。

当座に三歩を支払うという例は、嘉永六年（一八五三）五月の近江屋伝兵衛宛て黄金屋茂兵衛差出の「出情証文の事」（滋賀県立大学蔵「西川伝右衛門家文書」）にも見られる。そこでは、「当金三歩形相渡し、残金の儀は成立《なりたち》を以て御勘定仕るべく」と認められている。このような当座払いの割合は一定してはおらず、「三歩」とか「五歩」といった数字を明示しているものも少数である。それゆえ、当座払いの比率は個々の証文面を計算する必要がある。

出世証文の記憶をたどる

諸家に伝来する多様な証文

五家以外の出世証文

多数の近江商人の中で一〇通以上の出世証文を伝来させている家は、「出世証文に分け入る」で紹介した五家のみである。この五家で総数八四通の出世証文が残されており、本書で母数としたのは一七五通であるから、全体の四八％ということになる。その限りでは、出世払いは特定の近江商人の中で採用された慣行にすぎないのではないかと評価する向きもあろう。しかし、この慣行は五家のみで実施されたものではない。むしろ半数以上は経営規模も異なり、居住地も異にする近江商人たちや村々で出世払いを許容しているのである。このことを重視する必要がある。また、明治期にも多数作成されたことも明らかである。それらをすべて紹介することは不可能なため、いくつかの興味深い事例を取り上げておきたい。

蝦夷地交易商人の出世証文

遅くとも一七世紀中葉には、後に両浜組《りょうはまぐみ》商人と称される近江国出身の商人たちが、蝦夷地での交易に従事するようになったことが知られている〔『新修彦根市史　第二巻』、上村二〇〇〇、中西一九九八〕。そのなかの一商家である西川伝右衛門家には、次のような出世証文が残されている（「西川伝右衛門家文書」）。

〔史料24〕

借用申す金子の事

一金壱（ママ）貫六百八拾九匁三分六厘三毛　通用金也

但し、鯡《にしん》仕入れ数ケ年差引残り金也

一金百七拾三匁八分壱厘三毛　通用金也

但し、藁（カ）代金子借用差引残り金也

都合

右金子借用申し候所実正也、然る所、私近年不商売にて返済成りかね、前々以て御請取下され候様御願い申し上げ候、御聞届け下され、願いの通り私出情次第に返済致し候様仰され候、これに依り私子孫出情の節、前々に御返済仕るべく候、後日のための仕合手形、よって件の如し

宝暦十年辰九月七日（一七六〇）

塩吹村
斎藤七郎右衛門（印）
同　喜右衛門

住吉屋清兵衛殿
卯兵衛殿

【右の銀子を借用していることは、間違いありません。しかし、私は近年商売が思わしくなく返済することができませんので、前々に（出世証文を）請け取って下さるようお願いしていました。そのことをお聞き届け下され、願い通り私が出世したら返済するように仰いました、これにより私や子孫が出世した時に返済します。】

史料から明らかなように、鯡《にしん》の仕入代金と借用金の二口について差引勘定をした総額が出世払いとなる債務額である。この債務は、塩吹村の斎藤七郎右衛門と喜右衛門が出世払いすることになる。七郎右衛門と喜右衛門の関係は定かではないが、印鑑は連署の中央部分に押されている。七郎右衛門は名字を有する者だが、子細はわからない。しかし文面から、商売に従事していたことは明らかであろう。証文の事書は一般的な金子借用証文と同じだが、文末に「仕合手形」――このように表記しているのは、この一例だけである

――とあること、「出情次第」に債務を返済すると本文中に記されていることからも、これが出世証文であることは疑いを容れない。

債権者である住吉屋（西川伝右衛門家）は、蒲生郡八幡（近江八幡市）の商家であり、蝦夷地交易を営んでいた。塩吹村は蝦夷地に所在し、近世期には西在（松前城下町の西部にある）江差《えさし》付村々のうちの一村で、明治二年（一八六九）には渡島国《おしまのくに》檜山郡汐吹村の一部を構成していた。村の住人は主に漁業に従事し、鯡漁、昆布漁、鮑《あわび》漁などを中心にしていたが、江戸時代後期には不漁に見舞われた村だとされている（『角川日本地名大辞典　北海道』汐吹村の項）。

当時の汐吹村の商人名や人数は定かではないが、七郎右衛門たちは住吉屋に鯡などを納めていたのだろう。「鯡仕入れ数ケ年差引」とあるところから、仕入資金を前借りしていたのではないか。しかし右の証文は、「不商売」に陥ったことにより、これまでの商取引によって累積した債務額を計算し、その全額を出世払いするという条件で、いったん債権・債務関係を凍結する目的で作成されたことが明らかだろう。そしてこの債務は、「子孫」まで継承されるものとして合意されているのである。

右の証文が興味深いのは、債務者が蝦夷地居住の商人であるという事実である。斎藤七郎右衛門がどこ出身の商人なのか定かではないが、証文が作成された時点で蝦夷地に居住しているということは、出世払いの慣行を考える上で重要である。西川家には嘉永六年（一八五三）五月付けの出世証文も伝来し、その差出人は箱館の黄金屋茂兵衛である（滋賀県立大学蔵「西川伝右衛門家文書」）。

西川家伝来証文の存在意義

このように、蝦夷地に居住する商家が出世証文を書く慣行が成立した背景には、蝦夷地へ進出した近江商人と取引関係があったことがきっかけだったと考えることができる。いまだ二通の証文しか発掘できてはいないが、蝦夷地居住の商家にも出世証文を取り交わす慣行が普及した可能性がある。

すなわち、蝦夷地を領有する松前藩では、他藩のように俸禄米を給付する形で家臣団編成をすることなく、特定の商場でアイヌと交易する権利を知行地として与える「商場《あきないば》知行制」をとっていた。しかし、時代が下るにつれ、松前藩家臣はアイヌとの交易を和人商人に代行させ、その代わりに運上金を得る「場所請負制」が採用されるようになっていった。このような変化を背景にして、とりわけ近江商人が場所請負をしていた西蝦夷地の積丹《しゃこたん》半島や山越内《やまくしない》、あるいは東蝦夷地の商家にも伝来している可能性を考えることができる。

前出の史料1（25頁）と史料24の年紀から判断して、鉄屋喜右衛門家と住吉屋西川伝右衛門家は、ほぼ同時期に出世払いの慣行を取り入れたことになる。鉄屋の屋号を持つ商人は世継《よつぎ》家であり、近世前期には江戸・通一丁目に出店を持ち、当初は蚊帳《かや》、後には苧麻《ちょま》・畳表《たたみおもて》・荒物《あらもの》を商っていたが、化政期（一八〇四〜三〇）から衰退し、嘉永末年に八幡本家の逼塞《ひっそく》によって閉店したようである〔『滋賀県八幡町史　上』〕。

史料1が西川利右衛門家（大文字屋）に伝来しているため、鉄屋と大文字屋との間に何らかの関係があったと思われるが、その間の事情はわからない。商業仲間の関係があったと推測できるだけである。鉄屋も住吉屋も取り扱う商品や商圏の違いはあるが、いずれも八幡の商人である。また史料1の本文中に大坂屋惣四郎の名前があるが、この人物についても判明しない。大坂屋という屋号は同じく八幡の豪商であった伴《ばん》家の一統であるため、それに連なる者と推測しているが、同名の者を確認することはできない。

西川伝右衛門家に残された出世証文は、明治期のものも含めて六通確認しているが、史料24の出世証文についで古い年紀のものは、天保九年（一八三八）一一月に取り交わされたことを記述する史料である。原本そのものは残されていないが、当該年月に出世証文が作成されたとの記述がある。西川伝右衛門家における最初の出世証文は、四代当主昌福の時代のものであり、後者は八代昌廉の時代であった。その後、九代昌武、一〇代貞二郎《ていじろう》の時期のものが残されている。

　これらを見る限り、西川家では出世払い慣行を取り入れたものの、家内の商業活動で出世証文が定着するのには、七〇年以上の年月が必要だったことになる。このことは、史料が散逸していないとすれば、個別の商家では、債務者の出世払いを容認するか否かは当主の意向によって左右されるものだったことを推測させる。

原本が残らなかった出世証文

　出世証文の原本は残されていないが、証文が当事者間で取り交わされたことを書き留めている史料は、いくつか確認することができる。その多くは包紙のみが残されているだけで、上書から出世証文が包まれていたことが判明する事例である。もちろん、この包紙は宛名人の元に伝来しているが、上書に差出人の名前が併記されているものもあって、当事者を知ることができる。ただ差出人の所書きが書かれていないものは、居住地を知ることができないという限界がある。

　包紙上書ではなく、たとえば八幡商人の市田清兵衛家の九代・一〇代当主が書き綴った日記（文化元年〈一八〇四〉～安政五年〈一八五八〉）には、天保九年（一八三八）三月・天保一一年一二月・嘉永二年（一八四九）五月・嘉永四年八月・嘉永七年六月に主家に損害を与えた奉公人たちから「出情証文」を受け取ったことが記されている（桂二〇一九）。現存する当家の文書中には、これら五通の「出情証文」は見当たらない。市田清兵衛家の奉公人たちが後に出世して債務を弁済したことで証文が破棄されたと考えることもできるが、その可能性は低いだろう。いずれの場合も奉公人は解雇されていることから、弁済の見込みがないと判断した時に証文を廃棄したことになるが、たんに原本が散逸したにすぎないと思われる。

また、天保九年一一月に八幡の「扇屋定次郎内　万吉」が「御町内中」に差し出した「一札の事」(「西川伝右衛門家文書」)によれば、扇屋四郎兵衛に対する債権の残金に関して「本家より出世証文壱通」を受け取って、「向後出入り一切御座なく候」と了承している例がある。右にいう本家が四郎兵衛を指すのか、それとも屋号から判断して扇屋一統の本家である伴家なのかは判然としないが、万吉が右の一札の他に出世証文を受け取ったことは明らかであり、そのことを「御町内中」に知らせたものと判断できる。

さらに馬場利左衛門家にも、事書に「証文」と記された三丁一綴の史料が残されている。これは馬場家が金円を貸し付けた金額と借用人名、および年月日を記したものと思われる。貸し付け年月日は明治二七年(一八九四)二月二五日が最も新しい日付であり、この年以降に作成されたものと考えられる。このなかに「出世証文」と見出しが立てられた個所に三通(三名)の金額と名前が記されている。それが前掲表8の19・20・21番である(102・103頁)。

ところがこの三通については、年月日の記載がない。また出世証文そのものも現存していない。年月日の記載を欠いたまま、ただ出世証文であったことを記録しているだけなのである。なぜこのように記録するだけで原証文が残されていないのかはわからない。たんに原本を散逸させてしまったため、備忘の記録を残したのかもしれない。あるいは、ここに掲げられた人物の証文は、返却されたのかもしれない。すなわち、出世払いを遂げた人の記録なのかもしれないが、現時点では証明することは難しい。

このように伝来している出世証文の原本の周辺には、散逸してしまった証文が多数存在したことを示す情報が残されていることに留意する必要がある。

村共有文書に残された証文

出世証文は、ほとんどが個人と個人との間で手交されている。しかし、村の共有文書として伝来している出世証文もわずかに残されている。すでに神崎郡木流村の事例は、「証人たちによる弁済」のなかで紹介したが（54頁）、その他も紹介しておこう。

弘化四年（一八四七）一二月の「出世証文の事」は、蒲生郡中之郷《なかのごう》村（日野町）の共有文書として伝わっているが、これは「相続講」銀を借用したものの返納が滞った結果、借用人が「中之郷村御役人衆中」に宛てて差し出したものである。中之郷村には、同様に相続講銀の返納滞りにともない安政六年（一八五九）二月と三月に作成された証文二通が

「村役人中」に差し出されている（日野町蔵「中之郷共有文書」）。

また、神崎郡川並村（五個荘町）の「村方御役人衆中」に宛てたものは、明治五年（一八七二）一月一六日付け「出情証文の事」である。この事例は、悴の入牢にともなう飯代の納入に難渋し、村中が立替えた金子のうち、親類と村中が助勢した残金を出世払いにしてもらった結果、村共有文書として残ったものである（宇佐美一九九六b）。このような例をみると、出世証文はたんに個人と個人の関係でのみ取り交わされるだけではなく、債権者が村であったり、馬場家の例（108〜111頁）で紹介したように資金を提供する組織（講・貸付方）もまた、当事者となることがあったとわかる。また、その関係者のもとに証文が伝わることも明らかなのである。

近代の出世証文

出世証文が明治期にも残されていることは、表1（36～41頁）やこれまでの叙述のなかでもいくつか紹介してきた。本節では会社で作成されたものを取り上げるとともに、法律上の論及を検討したい。

大津為替会社と出世証文

まず最初の事例は大津為替会社《おおつかわせかいしゃ》関係のものであるが、関連する出世証文の一部は確認できるものの、かなりの数は散逸したと思われる。

明治二年（一八六九）五月以降、会計官通商司《かいけいかんつうしょうし》による監督指導の下で、為替会社・通商会社が全国の主要な都市に設立され、短期間ではあったが資金を市中に融通していたことは、すでに明らかにされているところである。滋賀県内でも、明治二年一一月に西京為替会社の分社として大津為替会社が設立され、一二月から営業を開始するとともに、同三年七月には独立している。また、滋賀県内には、彦根・日野・近江八幡・五個荘など、著名な近江商人を輩出した地域に、同時期に通商会社や為替会社が設立され、当該地域の富商が社中として出資していたことが明らかにされている〔高橋一九六七、末永一九九七〕。

表14は、明治二年一一月に設立された大津為替会社の社中人名と役職、出資金額をまとめたものである。出資総額は一〇万両であり、これに京都通商会社からの一〇万両を加えた総額二〇万両を原資として融資が行われた。なお、組取締の饗庭《あえば》又兵衛から磯野源兵衛までの六名は、共同して二万四〇〇〇両を出資していた。

これらの出資金が、商工業者に貸し付けられて運用されていたことは明らかにされている。しかし、どのような形で貸し付けられ、返済状態がどのようであったのかについては解明されていない。ただ、この為替会社が明治六年三月に一般業務を停止し、金券の引き換え・預金の返済・貸付金の回収など、閉社のための整理を進める過程で作成されたと思われる「明治七年六月ヨリ　為換会社貸残金稼出出情証文宛性(姓)名覚　大津元為換会社」と表紙に記した記録が残されている（三井文庫蔵「大津為替会社書類　九」）。

ここには年月日が不詳の三通を含めて、一三通の出世証文が作成されたことを記している。それらを一覧表にしたものが表15である。一通は債務者が複数であったこともわかる。そして、作成年月日や債務額が共通している事例も見られることから、会社の閉鎖にとも

表14　大津為替会社社中一覧（明治２年11月）

役　職	社　　中	出資額(両)	住　　所
総差配司	三野村利左衛門	……	
総頭取	三井元之助・小野善助	……	
頭取	梅村甚兵衛(代・奥井勘兵衛)	10,000	蒲生郡八幡町
頭取	岡田小八郎(代・村西友八)	10,000	蒲生郡八幡町
頭取	外村与七郎(代・吉川新七，退役時・中村新三郎)	10,000	神崎郡金堂村
頭取	松居久左衛門(代・三村喜兵衛)	10,000	神崎郡位田村
頭取	阿部市郎兵衛(代・岡田新兵衛)	10,000	神崎郡能登川村
頭取	藤野四郎兵衛(代・谷井新輔)	10,000	愛知郡枝村
頭取	小林吟右衛門(代・奥井儀兵衛，退役当時・横田卯兵衛)	10,000	愛知郡小田刈村
組取締	古望仁兵衛	3,000	大津
組取締	西村弥兵衛	3,000	大津
	饗庭又兵衛	24,000（6名計）	高島郡霜降村
	坂江吉右衛門		高島郡太田村
	足立平左衛門		高島郡太田村
	安原権兵衛		高島郡南市村
	河合与右衛門		高島郡藁園村
	磯野源兵衛		高島郡海津村
	京都為替会社　繰込金	100,000	
	計　　　15名	200,000両	

出典：高橋久一『明治前期地方金融機関の研究』（新生社，1967年）94頁第10表を一部修正．

ない清算処理を行う過程で記録されたのであろう。

右の記録でとりわけ注目されるのは、出世証文の宛名である。資金の貸し出しは為替会社であったが、出世証文は表15の5番村田七兵衛のものが唯一「為換会社」宛になっているだけで、その他のものにはいずれも二名の頭取か、一名は頭取で他の一名は組取締役の名前を記している。これがいかなる理由によるものかはわからない。それぞれの出資金を充てて貸し出したことを示すのか、貸出時の責任者であったことによるのか、または他の理由によるものか定かではない。重要なことは、右の出世証文はすでに閉鎖された為替会社に保管されることはないため、宛名人のいずれかの元に保管されたと考えられることである。

幸い社中の頭取であった小林吟右衛門家には、三通の出世証文が残されていることが明らかにされている〔末永二〇〇四a〕。この三通の証文は、翻刻文によれば写しであると思われる。しかし、表15中3番の長井金吾が差出した証文の宛名は「大津為換会社　藤野四郎兵衛殿、古望仁兵衛殿」となっているにもかかわらず、小林吟右衛門家に写しが伝来したことになる。

またその本文によれば、一六二円五〇銭の債務は、明治四年（一八七一）正月に長井（丸屋）金吾ほか四名が連名で借用した金銭の一部であった。返済期限に至ったものの、

表15　大津元為替会社出世払い者

番号	年　月　日	債務額(円銭)	差　出　人	宛　名　書
1	明治 7. 6.22	162.50	大津寺内北町・西沢久兵衛	為換会社・阿部市郎兵衛，小林吟右衛門
2	明治 7. 6.22	162.50	大津石橋町・中島万右衛門	外村与七郎，松居久左衛門
3	明治 7. 6.22	162.50	大津上東八町・長井金吾	藤野四郎兵衛，古望仁兵衛
4	明治 7. 6.22	162.50	大津伊勢屋町・木部五郎兵衛	梅村甚兵衛，岡田小八郎
5	明治 7. 6.25	600.25	大津・村田七兵衛	為換会社
6	明治 7. 7.22	750.00	滋賀郡横木村・上田五郎右衛門	外村与七郎，阿部市郎兵衛
7	明治 7. 7	453.00	大津下西八町・川嶋政七，布施屋町・青山いと，上京町・源谷清兵衛	外村与七郎，松居久左衛門
8	明治 7. 8. 5	136.25	滋賀郡大津玉屋町・遠藤仁兵衛	楳邨甚兵衛，岡田小八郎
9	明治 7. 8. 5	136.25	滋賀郡大津上百石町・遠藤伊兵衛	小林吟右衛門，阿部市郎兵衛
10	明治 7. 8. 5	136.25	土橋町・井原五兵衛	藤野四郎兵衛，古望仁兵衛
11	年月日不詳	136.25	井つゝ町・山本久七郎	松居久左衛門，外村与七郎
12	年月日不詳	175.00	大津下関寺町・杉山吉右衛門	藤野四郎兵衛，小林吟右衛門
13	年月日不詳	不詳	島津弥惣兵衛	梅村甚兵衛，岡田小八郎

出典：三井文庫蔵「大津為替会社書類　九」(D562-15).

連名者の一名（万屋万五郎）が失踪し、他の者も「疲弊」していて全額弁済が不可能であったため、滞高《とどこおりだか》のうち即日金三〇〇円、七月一五日限り五〇円を納付するという約束で、残高六五〇円を連名四人で分割することとし、長井金吾は自らの分担金を出世払いすることにしたのである。おそらくは、同日付けで同額の債務額を記した証文を差し出している西沢久兵衛・中島万右衛門・木部五郎兵衛が、連名者だと考えてよいだろう。この際、失踪した万五郎の債務は、残った四名が分割して負担させられたと思われる。そして、それらの証文の宛名書は、頭取・組取締役が重複しないように書かれたことも明らかとなる。

したがって、八月五日付けと年月日不詳の一通には同額の債務額が記されていることから推して、これまた連名で借用し、滞額五四五円を四名で分割し、出世払いにしたものと判断できる。

身代限りと出世証文

為替会社から貸付を受けた資金を期限内に返済できなかった場合、為替会社は裁判所に出訴し、その結果、債務者が身代限り《しんだいかぎ》り（強制執行）を命じられることもあった。小林吟右衛門家の出世証文写しのなかの他二通は、この点を明らかにしている。これらの事例は、表15の中には記録されていないものである。このことから、表15に記録された事例は、身代限りを執行されなかったものだった可能性がある。もっとも、次に紹介する身代限りを執行された事例は、表15に一覧化した事例より後の月日なので、表15は出世払いのすべての事例を記録したわけではないのだろう。

ともあれ、末永國紀が翻刻している史料〔末永二〇〇四a〕を用いて身代限りが執行された事例を検討することにする。最初の事例は、明治七年（一八七四）九月二五日付けで「高島郡第九区西万木村《にしゆるぎ》（高島市）吹田宗次郎」が「大津　元為換会社」に差し出した「証文之事」と事書きした証文である。この債権・債務関係は、明治五年三月一五日に「我等ならびに外四人」が「組合」い、同年五月二五日限り返済の約定で一三二〇円借用したことに始まる。しかし返済は滞り、六月二四日に訴訟となった。

「組合中特別連」は一人当たり二六四円ずつ返金すべきであったが、吹田は難渋しているため、「余儀なく身代限りご処分」を願い出て、「割賦金」一九円一〇銭を上納し、残金二四四円九〇銭と算定し、これを出世払いにして証文を取り交わしたのである。すなわち、支払い不能のため身代限りによる財産処分を行い、換金された一九円を納め、差引残額を出世払いにしたものと思われる。吹田以外の連名借りした者も身代限りになったのかどうかは明らかではない。

なお、翻刻文では「組合中特別連壱分宛返金可致候処」とされているが、「壱分」は疑問であり、「壱分」は「壱人分」の意だと解釈した。

また、この証文は、同年同日付けで「滋賀県」が朱筆で次のように裏書きを記している。

〔史料25〕

表書きの金子相滞る旨訴え出るに付、吹田宗次郎身代限り申し渡し動産等売払い候処、割賦金拾九円十銭これあるに付、これを請取り、残る弐百四拾四円九拾銭は宗四郎（ママ）義はもちろん、その相続人に至る迄身代持ち直し次第、済まし方請くべきものなり

明治七年（一八七四）九月廿五日　滋賀県　印

【表書きの金子の返済が滞っている旨の出訴があったので、吹田宗次郎に身代限りを申し渡し、動産などを売り払ったところ、配分金が一九円一〇銭あるのでこれを請け取り、残りの二四四円九〇銭は、宗次郎や相続人が家産を再興させ次第に請け取るように。】

この裏書きで注目すべきことは、吹田宗次郎の債務は、身代限りを命じられて財産を処分した上で出世証文を提出したことによって、免責されたのではないということである。この債務を弁済すべき義務は相続人にも継承される、と理解されていることが明らかであろう。

また他の一通は、明治七年一二月二六日付けで「高島郡田井村（高島市）饗庭太四郎」が「大津　元為替会社御中」宛に差し出したもので、これまた「我等ならびに外四人」の連判にて一三二〇円を借用し、返済不能に陥り身代限りとなったものである。饗庭

太四郎の債務は、親類の小畑源七郎が五〇円を代償し、残金二一二円二六銭五厘を出世払いすると「大津　元為替会社」宛の証文が作成されている。ここでも「我等稼ぎ出し、身代持ち直し候節」に返済することを約束している。

右の二例は、為替会社から資金を借り受けて返済できないため、強制執行になったことが明らかである。そして残された債務が免責されず、債権者が跡懸かり権（再請求権）を留保するために出世証文を取り交わしていることがわかる。しかし、債権者は「大津　元為替会社」なのであって、個人名が記されているわけではない。文面を見る限りでは、この跡懸かり権が、特定の個人に継承されることを明記してもいない。したがって結果的には、この出世証文の有効性が確実に保証されているわけではないことになる。

とはいえ、大津通商会社・為替会社の資料が、小林吟右衛門家や頭取などを務めた家に伝来したと考えられる以上、県下の通商会社・為替会社などに出資した人々（社中）の元に、出世証文が残されている可能性があることになろう。すでに紹介した松居久左衛門家の例（125・126頁）は、その一例であろう。現時点では、すべての頭取や組取締役、あるいは名称は異なるが同様の役職にあった出資者たちの元に残された史料の有無を確かめていないが、当該時期に作成された出世証文はかなり存在するものと推測できる。

通商会社・為替会社は、同時期に全国の主要都市で設立されたことを勘案すると、それらの会社による貸付金の返済滞りに際して、どこでも身代限りという強制執行が最終的な解決法として適用されたならば、その地で出世証文を発見できる可能性があるということになろう。

伊藤忠商事と愛媛銀行との訴訟

次に現在まで事業が承継されている会社の事例として、伊藤忠商事株式会社の事例を紹介する。大正一五年（昭和元、一九二六）六月、伊藤忠商事株式会社の定例重役会において、債務者に対し出世証文を提出させることで紛争を解決させることが承認されている。この例は、同一二年九月に、竹田源吾なる人物が事業に失敗したことに淵源があった。

竹田は、愛媛銀行三津浜支店発行の信用状を伊藤忠商事に提出したので、伊藤忠商事は竹田との取引を継続してきた。ところが、同一五年二月に竹田は再び経営が破綻してしまい、伊藤忠商事に対して糸代金三万六八七四円の支払い不能に陥った。伊藤忠商事は、これに際して愛媛銀行に支払いを求めたが、銀行は応じなかった。そのため銀行を被告として、松山地方裁判所に義務履行請求の訴訟を提起したのである。

しかし、銀行（副支店長川井宗次郎）と竹田（義兄田中貞好）両氏側は、弁護士を介して示談で解決することを求め、数回の折衝の後、銀行側は二万八〇〇〇円を支払い、残額の八六《（ママ）》七四円は竹田が出世証文を差し入れることで和解が成立した（「伊藤忠商事史資料」）。

この出世証文は現存しないため、債務が弁済されたのかどうか確認することはできない。ただ注目したいのは、伊藤忠商事が、事業を遂行する過程で取引先から債権回収が困難になった時、取引先に信用状を発給した銀行に対して、責任を問うた行動である。

このような伊藤忠商事の対応が、当時の日本企業の事業活動でも一般的な行動であったかどうかは、他の事例を採集していないため判断を留保したい。しかし、滋賀県下の者ではない債務者個人に対して出世払いを許容するという行為を、大正一五年当時に伊藤忠商事が実行していたことは明らかであり、当時の企業における債権回収の行動を分析する上で、貴重な事例となっている。

伊藤忠兵衛家の出世証文

ここで出世払いを許容している伊藤忠商事は、現在の総合商社伊藤忠商事の戦前期の事業体であるが、同業の丸紅株式会社とともに、初代伊藤忠兵衛を創業者としている。この当時は二代忠兵衛が社長を務めていたが、当然ながら出世証文についての知識がなければ、重役会で出世証文を提出させて紛争を解決させるような決議はされなかっただろう。

そこで伊藤家にも出世証文が伝来するかどうか確認すると、明治一九年（一八八六）三月一日付け四〇円の「借用証書」（包紙上書に「出情証文借用証券」とある）と同三四年一二月一日付け「証」の二通の証文が残されている（「伊藤忠兵衛家文書」）。前者は明治一六年に借用した四〇円の返済に債務者が難儀して作成されたもので、ごく一般的なものである。しかし後者の証文は、いささか趣が異なっている。次に掲げてみよう。

〔史料26〕

証

一先年来御尊家に雇われ勤務罷り居り候処、勤務中に金額借り過ぎ解勤、直ちに返済仕るべく候筈なれども、身元不都合により歎願仕り候はば、御聞き済ましを蒙り候上は、拙者出世の節御返済仕るべく候、就中《なかんずく》残りの衣類依願仕り候はば、特別憫《びん》恤《じゅつ》の思し召しを以て御恵与蒙り、幾重も忝く正に頂戴仕り候間、この段御礼かたがた后日《ごじつ》のための確証、よって件の如し

明治三十四年（一九〇一）十二月一日

犬上郡豊郷村大字四十九院

古川与惣次郎（印）

旧伊藤御主人様

伊藤忠兵衛様

【先年来、ご尊家に雇われて勤務していましたが、勤務中にお金を借りすぎて解雇されました。それゆえ、ただちに借金を返済しなければならないのですが、都合が悪くお支払いできないので（猶予して下さるよう）嘆願しましたところ、お聞き届け下さ

いました。この上は、私が出世しましたら返済いたします。とりわけ、店にある残りの衣類を（返して下さるよう）お願いしましたら、特別の憐憫の思し召しによって与えて下さり、かたじけなく頂戴しました。】

この出世証文は、「与惣次郎衣類　書付入」と上書きされた封筒に入っているが、「与惣次郎分」とされた衣類の種類と点数が記された書付と同封されている。古川与惣次郎は明治二七年六月に雇い入れられて伊藤西店に配属され、同三三年六月に解雇されたことが「店員名簿　甲」（「丸紅株式会社史資料」）で確認できる。また書付によると、解雇された年の六月二六日に、豊郷の伊藤本家に衣類の一部が送られていたこともわかる。

与惣次郎が解雇された理由は、在勤中に店からお金を借りすぎたからとされている。彼は伊藤西店では「出世店員《しゅっせてんいん》」であったと推測できる。当時の伊藤各店の出世店員には給料は支給されないが、補助金として年三〇円以下が給付され、勤務する店が利益を上げれば配当金を与えられた。しかし、伊藤西店は羅紗《らしゃ》を取り扱う店であり、経営が順調ではなかったようなので、各年の配当金があったとしてもわずかだったと思われる。

とはいえ、明治二六年一月一二日制定の「伊藤本店店法則」（宇佐美二〇一七）によれば、正当な理由があれば本家に申し出て店から借用することはできた。しかし、与惣次郎は積み立てた配当金を超える借用金額になったのを咎められたのか、それは表向きで別の理由があったのか、正確なことはわからないが解雇されたのである。

出世店員の衣類は店費で支給されており、同三一年一月に店法則に「衣類法」が追加され、「衣類簿」に各自が明細に記載するようになった。この衣類簿は手控えとして各自に一冊渡されたので、解雇された時点での店員の所有物は、確認できるようになっていた。おそらく右の出世証文に債務額が明記されない一方で、六月に本家に送られていた衣類に加えて「残りの衣類」を与えてくれるよう与惣次郎が「依願」する文面となっているのは、このあたりの事情が反映されているのであろう。

このように、右の出世証文は他には見られない忠兵衛家独特のものであり、同家における「出世店員制度」など、特異な経営管理のあり方が後景にあると考えられる。これについては、後にも若干触れることにする（244頁）。

ところで、右の二通の出世証文の存在を二代忠兵衛が知っていたかどうかはわからない。しかし、父親と同世代の近江商人を反面教師としながらも、利益三分主義（三ツ割制度）や会議制度を導入した経営の実践など、先代が取り入れていた近江商人の事業経営の制度を引き継ぎ、改編を加えながら近代的経営者に成長していったことは明らかである。それゆえ、父親が出世証文を書かせていたということや、近世・明治期の近江商人や末裔たちが、債権・債務関係を一時的に凍結する方法として出世証文を作成していたという史実を知ることはなかったとしても、明治期の近代法体系の下でも出世払いという行為が存在することやその有効性については、理解していたのではないだろうか。

出世証文の実効性

ここまで出世証文について縷々述べてきたが、債権者は内心では出世払いされないことを暗黙に了解した上で証文を取り交わしたのではないか、という疑問があるのではないだろうか。出世証文は形式的なものであって、実効性はないのではないか、という疑問である。この点については、出世証文を取り交わすことに少なからず実効性があったと考えている。というのは、次の証文が存在するからである（「加地家文書」）。

〔史料27〕

証

一先年元金五百円也借用致し、期限返済致すべきの処、手元不如意に付御歎願申し入れ、内金五拾円に相渡し、残金無利子にて出世迄延期相頼み置き候、然る処今般返金致すべきの所、右残金四百五拾円の新公債証書を以て皆済御依頼申し入れ、御聞済まし下され忝き仕合わせに存じ奉り候、これにより右御礼のため証書、件の如し

明治十三年辰六月（一八八〇）　高田久五郎（印）

加地源左衛門殿

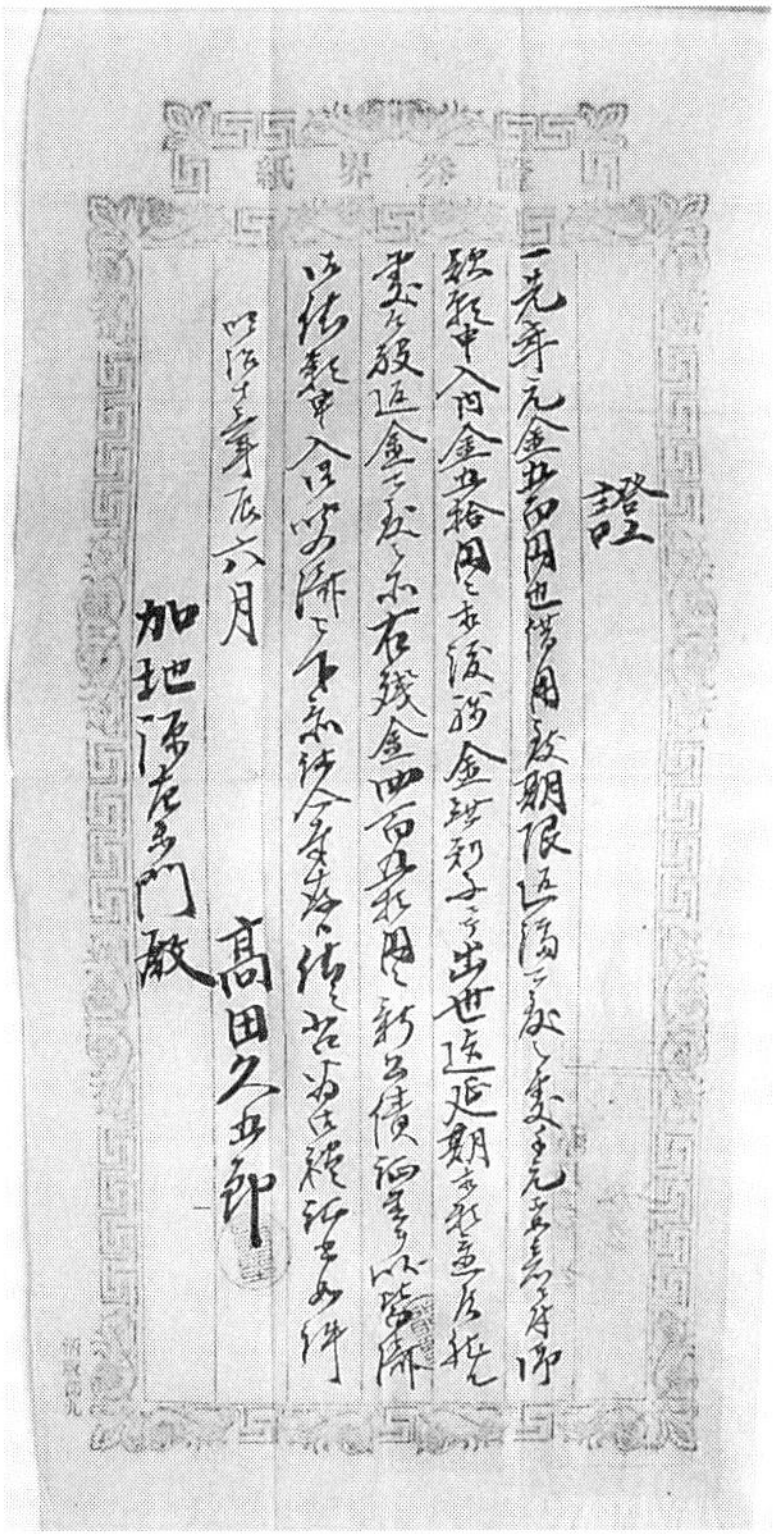
證券界紙

證

明治十三年辰六月

高田久五郎

加地源左ヱ門殿

図５　出世払いの礼証（滋賀大学経済学部附属史料館寄託「加地家文書」）

【先年元金五〇〇円を借用し、約束の期限には返済しなければならなかったのですが、手元が困窮しているので（猶予してもらいたいと）嘆願し、当座に五〇円支払い、残金の返済は無利子で出世するまで待ってもらいたいと頼み置きました。しかし今般、返済できるようになったのでお支払いしたいのですが、（現金ではなく）四五〇円の新公債証書を渡して皆済としたいと申し入れたところ、了承していただき、かたじけなき仕合わせに存じます。これにより御礼のため、この証書をお渡しします。】

この「証」によれば、差出人の高田久五郎は、かつて五〇〇円の借用金を期限内に返済できず、当座に五〇円を払い残金四五〇円を出世払いにしてもらっていたことがわかる。ところが、明治一三年（一八八〇）六月に至り全額返済できるようになったので、現金ではなく新公債証書で渡すことを願い出て、了承してもらったことに対する御礼を書いているのである。すなわちこの事例は、明らかに出世払いが行われたことを示していると判断できよう。

現存する加地家文書の中には、高田久五郎が差し出した出世証文の原本は残されていないことから、本証文は久五郎に返戻されたのであろう。久五郎が出世証文を差し出した年月日も、彼がどのようにして家産を再興したのかも不明であるが、出世払いが行われたことが明らかである以上、出世証文に実効性はあると判断することは許されるだろう。もちろん、これは希有な事例であろう。だからといって、出世証文を取り交わすことは虚構にすぎないという解釈は、誤りだろう。

さらに補完的に注目しているのは、管見の範囲では、出世証文は上方地域を中心にして西日本に伝来しているものがほとんどであり、東日本ではごく一部の地域で確認できるだけだということである。しかもそれらの証文は、受取人のほとんど、あるいは一部の差出人も上方の商人であるという事実である。

このことは、おそらく京都・大坂など上方の商人の間で債権・債務関係の一時的凍結という出世払いの慣行が成立し、それが商業活動の機会を通じて取引先のある地域に普及していったのではないか、という仮説を立てることができる。また経済・経営破綻をしても、家産を再興できる可能性のある経済環境の地域、あるいは主として商家間で取り交わされるのではないか、という想定も成り立つだろう。

近代法による出世払い規範

管見の範囲で確認している、全国に残されている出世証文の点数や伝来地域を勘案すると、借りたお金は返さなければならない、返すのが当然だという社会通念が近世期にほぼ確立していた地域では、出世証文を取り交わす慣行が成立する。しかし、そのような通念が必ずしも一般的ではなかったと思われる地域では、定着しなかったと推測できる。

ところが、証文が法律的に有効であると認められる近代期に至ると、近世期の慣行や慣習法が内包する効力とは異なり、全国のどこでも誰でもが、法律のもとでその存在を理解し、国内に普及していったと思われる。

明治四三年（一九一〇）一〇月三一日に、大審院《だいしんいん》第二民事部が「貸金請求の件」について下した判決の要旨は、「消費貸借に因《よ》る債務に付、借主の立身なる不確定の事実を以て其の履行の期限と為すは違法に非ず」ということであった。ここで出世払いの約定は、消費貸借における契約証として法律上有効であると確定された。この際には、同年六月三〇日に東京控訴院で申し渡された判決が検討されているが、そこでは五点にわたって出世証文の文言の効力が検討され、上叙の判決が確定する（中津一九八八）。これらを検討することは、明治期の法律に関する知識不足もあり、今後の課題としておきたい。

ただ感想めいたことを記すならば、大審院は法律の規定に則して合理的解釈であるか否かを判断している。しかし、合理性あるいは客観性の判断規準は、本書で紹介した近世に生きた人々や、各地の世間や社会がそれぞれに共有していたものと近似しているように思われる。近代に至って、最大公約数的に立てられた規準は、近世期の状況を基にしているのであろう。

出世払いをめぐる訴訟はその後も続き、大審院の判決で確定した内容も変化していく。大正四年（一九一五）二月一九日の判決では、「出世払いの約定は停止条件ではなく不確定期限である」としている。この趣旨は、立身（出世）する見込みがなくなった時点で出世証文の効力は失われ、債務を弁済する義務がある、ということであった（須永二〇〇九）。この債務「履行の期限と債務者の履行遅滞」は、後の民法に規定された（四一二条②項）。

右に触れた近代における法律の制定条文は、近世に生きた債権者たちの中には、債務者が出世する可能性は低いだろうと思いながらも、あえて家産再興へ向けて働くことの誘因付けのために取り交わすこともあったとすれば、当事者間の情愛や寛容性は、制定法の前では無意味なものとして斥《しりぞ》けられていくことになる。しかし、それはあくまで出世証文の効力について出訴され、判決に至る場合であって、現実には各地域の当事者間において、多種多様な慣行と慣習を背景にして独特の証文が取り交わされていたと考えている。

近江国の立身・出世観

奉公人にとっての立身・出世の始まり

奉公人江戸下りの図

近江商人は主に東日本を中心としながらも、全国を商圏として商業活動を行ったことは、よく知られた事実である。すでに一七世紀の初頭から中山道や東海道を経由して東国へ進出しており、また津軽海峡を渡り、蝦夷地でも商業活動を行うようになっていた。それらの商圏・得意先は「商い場」「得意場」などと称され、小売商を中心とする顧客を安定して獲得できると、それらの商圏に出店を開設した。

出店は、出先の商家や百姓から借家・借地する形で開始された例も多く、なかには開設後も二百有余年の間、借地し続けた商家もみられた。いずれの商家でも、遠隔地の出店であろうとも、ほとんど近江国で採用された奉公人たちが派遣されていた。出店所在地で現

図6　奉公人江戸下りの図（寿福軒真鏡「主従心得草二編〈後篇〉上」〈天保13年4月自叙〉）

地の人間を採用した商家がないわけではないが、それはごく少数であるとともに、そのような奉公人も、必ずいずれは近江国の本家に挨拶に来ることが義務づけられていた。

これまでの研究史では、ここに掲げた図6が「奉公人江戸下りの図」として紹介されてきた。

この図を伊勢商人の「奉公人の江戸下りの図」として引用したのは北島正元で、伊勢商人長谷川家を論述する際に用いている〔北島一九六二〕。一方、同図を近江商人に関わらせて引用するのは、末永國紀〔末永二〇〇〇〕・油井宏子〔油井二〇〇七〕である。同じ図が伊勢と近江の商家における奉公人の江戸下りの図として引用されてきたのには理由がある。原図の説明では、「はる《（春）》にもなれば、江州勢《ごうしゅうせい》州のくに〳〵より十二、三になるこども《（子供）》が、おふぜい《（大勢）》江戸へほふかう《（奉公）》にくる、おとな《（大人）》が二、三人ついていて、こどものわらんじ《（草鞋）》を五十そく《（足）》も百そくももつ《（持っ）》ていて、はきかへ《（履き替え）》させ〳〵つれ《（連）》てくる所」の絵であると記している。

右の説明にしたがえば、子供が大人に連れられて、春に連れ立って江戸へ奉公に下ってくるのは、近江国も伊勢国も共通していたということなので、北島・末永・油井らがそれぞれの著書で引用したのも、もっともなことである。しかし、原書の本文で次のような記述が続くことには、いずれも触れられていない。

〔史料28〕

江州勢州三州等の国々より十二三になる子供を奉公に出《いだ》す、春にもなれば子供が三十人五十人ほども一所に江戸へ下ってくる、四十、五十位の男が二、三人も付いて居て世話をして連《つれ》てくる、子供のわらんじを五十足も百足も持って居て、きれ《（切）》るとはき《（履）》かえさせ〳〵世話をして連てくる、春になると幾組も〳〵江戸え来《きた》る

【近江・伊勢・三河などの国々から一二、三歳になる子供を奉公に出す。春になれば子供が三〇人、五〇人ほども一緒になって江戸へ下ってくる。四〇、五〇歳くらいの男が世話をしながら連れてくる。子供の草鞋を五〇足、一〇〇足も持っていて、（草鞋

が）すり切れると、履き替えさせながら世話をして連れてくる。春になると幾組も幾組も江戸へやって来る。】

すなわち、この図は近江・伊勢・三河などの国々から子供が江戸下りする図だと記している。それゆえ、説明文にある近江・伊勢に限ったことではなく、少なくとも三河からも下ってくる図だということになる。三河を挙げていることを考えると、東海道を利用して江戸へ下る子供たちの姿を描いているのだろう。しかし、この図が本当に近江・伊勢・三河国の子供たちの江戸下りの実態を描いているのか、ということについては検討されておらず、真偽が証明されないままに引用されているのである。

少なくとも、これまでの近江商人研究史において、奉公人の採用と出店への下りについて、春に複数の大人が多くの子供を引き連れて出店へ向かったという事例は、報告されていない。また、近江商人で江戸に出店をもつ商家は、八幡商人には複数存在するが、他地域ではほとんどいなかった。それらの商家の事例でも、多数の子供が行動を共にして出店に向かったとする史料や研究文献は寡聞にして知らない。

どこの子供たちか

伊勢商人長谷川家では、江戸店から支配人ないし主立った手代が松坂へやってきた時に、一四、五人まとめて連れ下るが、その一行には宰領《さいりょう》（監督者）がついていて、道中の世話をしていたとされている〔北島前掲書〕。長谷川家は江戸に五店あったので、一度に採用する子供も多数いたのは間違いないだろうが、それらの子供が春という季節にのみ江戸に下ったかどうかは明らかではない。

末永國紀は右図を奉公人の在所登《ざいしょのぼ》り制度を説明する中で引用しているが、特にこれが近江国の実態を示すかどうかについて検討してはいない。念頭にあるのは丁吟《ちょうぎん》（小林吟右衛門家）江戸店だと推測できるが、子細の説明は省かれているため断定は困難である。

一方、近江国出身ではあるが京都に本店を構え、江戸に四出店を開設した白木屋《しろきや》では、日本橋店の創業年（寛文二年〈一六六二〉）から大正八年（一九一九）までの期間に、日本橋店の支配役一二八人の出身地は、不明者一四人を除いたうち九六人が近江国出身者だとされている〔油井前掲書〕。すなわち、白木屋日本橋店の筆頭奉公人は、ほとんど近江国の子供たちの昇任者であったと考えてよい。白木屋のこのような実態は、子供たちが近江国で採用されたことを反映していると判断できるため、「奉公人江戸下りの図」は白木屋の実態を示すものとして利用されたと考えることはできる。

右に関わって、油井宏子が検討した史料とは異なるが、奉公人採用の実態を記す史料の一つである「家内人数控」から判明することを検討してみよう（東京大学経済学部図書館蔵「白木屋文書」。デジタルデータベースを利用）。

白木屋の子供採用

白木屋の「家内人数控」は、明和元年（一七六四）から享和三年（一八〇三）に至る期間の記録であるが、「子供」たちの出身地の情報を比較的子細に記しているものに、寛政一〇年（一七九八）から享和三年の期間を留めた史料がある。そこでは、三七名の人名と出身地を知ることができる。それらを一覧化すると表16の通りである。

「家内人数控」は、寛政期と享和期では記録された情報が変化している。寛政期には死亡と暇《いとま》の情報が書き留められているが、享和期になるとそれらはなくなり、新たに「口《くち》入《いれ》」（仲介者）人名と宗旨（信仰する宗派）、および年齢が記録されている。また、寛政一一年以降は父親の名前も記載されているが、表では省略した。

この表16から読み取れることは、春だけの採用——正確には江戸店着——ではないということであり、同時に多数の子供が一括して採用されてはいないという事実である。しかし、確かに湖東地域の蒲生郡（二人）、湖北の浅井郡（六人）・坂田郡（一四人）、湖南の甲賀郡（一人）、湖西の高島郡（二人）、滋賀郡（一人）と、ほとんどの子供が近江国内の郡域を超えて採用されている。さらに言えば、白木屋・大村家の出身地である坂田郡を中心としていることも明らかである。これは、他地域の近江商人がそれぞれの本宅が所在する郡域を中心として採用していることと共通している。また近江国外では、濃州不破《ふわ》郡（岐阜県、三人）、若州小浜《おばま》（福井県、一人）、大坂（一人）・京都（一人）からの採用もあったが、不破郡は美濃国だとはいえ、坂田郡と国境を接しており近在だとも言える。

ところで、享和期には口入人の名前が記されている。これらの人物は白木屋の奉公人採用に際して仲介の労をとった者であると思われる。彼らの素性のすべてはわからないが、「国友《くにとも》」「江龍《えりゅう》」「井狩《いかり》」といった名字は、現在も滋賀県の当該地域に存在するところから、地元ないし近江国出身者であったと推測できる。また、東野（31番）、江龍（35番）、三ツ橋（36番）らは、寛政年間に白木屋で「頭役」を勤めていたことがわかっている。それゆえ、彼ら口入人は、白木屋に縁故を有する者であり、坂田郡を中心とする村々から子供を集める口ききをしたのだろう。このような、奉公人採用にあたっては、店内の奉公人や縁故のある者の紹介（口入）を必要としたことは、他の近江商人の場合もそうであり、共通した採用方法であった。

宗旨	年齢
真言宗	13
浄土宗	11
東一向宗	12
真言宗	13
真言宗	12
西一向宗	13

表16　白木屋の子供採用

番号	店着年月日	出身地	名前	口入人	死亡と暇
1	寛政10. 5. 9	江州高島郡二ツ家村	図司八三郎		
2	寛政10. 5. 9	江州坂田郡本庄村	武田富治郎		病死
3	寛政10. 7. 3	江州坂田郡醒ヶ井宿	江龍八之介		病死
4	寛政10. 7. 3	濃州安八郡大垣俵町	岩井孫吉		病死
5	寛政10. 9.11	江州浅井郡佐野村	井上仙吉		病死
6	寛政10. 9.11	若州小浜川塚町	八木幾之介		
7	寛政11. 5. 2	江州坂田郡石田村	下村平治郎		病死
8	寛政11. 5. 2	江州坂田郡長浜	中村元治郎		暇
9	寛政11. 5. 2	江州坂田郡上野村	瀧沢長治郎		
10	寛政11. 5. 2	江州浅井郡飯山村	清水新之介		
11	寛政11. 9.13	江州浅井郡稲葉村	上野宇之介		暇
12	寛政11. 9.13	江州坂田郡相撲庭村	山田吉三郎		
13	寛政12.④. 1	濃州不破郡青佐村	花山弥三郎		
14	寛政12.④. 1	勢州西岩部村	北村佐治郎		
15	寛政12. 7. 4	江州坂田郡石田村	池崎忠三郎		
16	寛政12. 7. 4	江州甲賀郡伴村	初田為治郎		病死
17	寛政12. 7. 4	江州坂田郡山室村	関口甚治郎		病死
18	寛政12. 9.15	江州坂田郡高溝村	戸田紋三郎		
19	寛政12. 9.15	江州滋賀郡北小松村	万木捨吉		
20	享和元. 5. 4	濃州不破郡関ヶ原宿	仁木繁治郎	三輪彦左衛門	
21	享和元. 7. 3	江州蒲生郡中野村	高田弥五郎	中川弥兵衛	
22	享和元. 7. 3	江州坂田郡上多良村	多良粂治郎	中川文助	
23	享和元. 9.17	江州坂田郡伊吹村	伊吹藤五郎	木田藤右衛門	
24	享和元. 9.17	江州浅井郡東野村	伊吹権之助	国友市郎右衛門	
25	享和 2. 3. 6	摂州大阪北浜一丁目	喜多宇之吉	小林助右衛門	

このように見てくると、「奉公人江戸下りの図」は、同道されている子供数や春だけという季節限定には問題があり、近江商人の奉公人採用の史実に照らせば、虚構だとまでは言わないにせよ、実態から乖離しているのである。

ただし、口入を専門とする口入業者が複数の商家の依頼を受けて子供を集めることがあったとすれば、この図のような風景を排除しない。この場合、草鞋《わらじ》を五〇足も一〇〇足も持っていて、履き替えさせながら連れ下る大人は、商家の支配人や手代ではなく口入業者たちであっただろう。もっとも、口入業者が奉公人採用にあたっていたという痕跡は近江国で確認されていない。

ところで白木屋には、「北見勢《きたみせ》」に伝わったと推測される「勤役出世鏡　全」なる史料がある（前掲「白木屋文書」）。この史料は奉公人の守るべき心得が認められている。そのなかには「立身」「出世」の用語が散見され、奉公人を取り立てる際に留意すべきことが列挙されている。それらの用語は、職位が上にある者が下位にある奉公人を育成指導し抜擢する行為を述べる際に「立身」が用いられ、「出世」は現世の安穏だけでなく、未来の姿をも含んだ観念として使用されていることが

東一向宗	12
東一向宗	12
仏光寺一向宗	12
東一向宗	12
西一向宗	12
浄土宗	12
浄土宗	12
西一向宗	12
東本願寺宗	13
禅宗	12
東本願寺宗	13
浄土宗	14

ターベース）.

26	享和 2. 3. 6	江州坂田郡小屋村	石田岩之助	松田九右衛門	
27	享和 2. 5. 3	江州浅井郡木尾村	宇野林之助	国友市郎右衛門	
28	享和 2. 5. 3	江州浅井郡野瀬村	谷金蔵	松井小右衛門	
29	享和 2. 7. 7	江州坂田郡小屋村	石田徳次郎	松田九右衛門	
30	享和 2. 7. 7	江州坂田郡長浜村	森田吉弥	谷口伝兵衛	
31	享和 2. 9.12	京都丸太町富小路東入町	奥喜三郎	東野安右衛門	
32	享和 2. 9.12	江州蒲生郡八幡舟木村	柏木角次郎	安藤八郎兵衛	
33	享和 3. 5.26	濃州不破郡垂井宿	西村金之介	高橋孫右衛門	
34	享和 3. 5.26	同上	久保田直松	同上	
35	享和 3. 5.26	江州馬場宿	市川広次郎	江龍金右衛門	
36	享和 3. 7.10	江州高島郡藁園村	八田伊三郎	三ツ橋清兵衛	
37	享和 3. 7.10	江州八幡寺内北町	中村辰之介	井狩平左衛門	

出典：「家内人数控」（東京大学経済学部図書館蔵「白木屋文書」デジタルデー

わかる。この用法は、これから後に検討する近江商人の店法規定と共通点が多いことが注目される。

どのように描写されているか

さて、191頁に掲げた「奉公人江戸下りの図」は寿《じゅ》福《ふく》軒《けん》真《しん》鏡《きょう》なる人物が認めた「主《しゅ》従《じゅう》心《こころ》得《え》草《ぐさ》二編　上」に掲載されている。本書で用いたものは私蔵の五編全一〇冊のもので、一編がそれぞれ上・下に分かれている。一編は文政六年（一八二三）に刊行され「東都浅草新町　寿福軒真鏡述」の自叙があるが、柱には「主従心得上・下」と書かれている。二編上には、「天保十三寅歳（一八四二）四月天赦日　東都下谷金杉　寿福軒真鏡述」の自叙がある。二編下には「天保十四卯年七月天赦日　東都下谷金杉　安楽寺真鏡著」とあり、三・四・五編はそれぞれ弘化四年（一八四七）正月・五月・六月に「東都下谷金杉　安楽精舎主述」（三編）・「東都下谷金杉　安楽精舎真鏡著」と記されて三都で板行されている。著者の寿福軒真鏡は僧籍にあって、心学《しんがく》（石田梅岩に始まり、町人の商行為について倫理的な意義を説く思想）に関係した人物とも考えられているが、詳細は不明である〔入江一九六五〕。

著者の子細は不明だが、書名の「主従心得草」に近似した書き物に「主従心得書」なるものがある〔『通俗経済文庫』一二〕。これは、寛政五年（一七九三）三月、近江国八幡の豪商伴伝兵衛家の当主でもあった伴蒿蹊《ばんこうけい》（享保一七年〈一七三二〉〜文化三年〈一八〇六〉）が、実家の主人（伴庄右衛門）および別家に送った心得書きである。商家の主人・親類・別家手代・本家支配人・店々支配人たちが心得るべきことを記している。蒿蹊自身は京都で暮らしたが、著名な文人でもあり、右の「主従心得書」は写本で流布したようなので、あるいは寿福軒真鏡もそれを目にしていたのかもしれない。ただ原文に「主従心得書」と題されていたのか、あるいは史料題は後世に付された便宜上のものなのかは明らかにされていない。

それはともあれ、「奉公人江戸下りの図」は、原本の目録には「江州勢州等の国々より奉公に出る事」とあり、三〇丁裏・三一丁表に図版が刷られ、三二丁表から三四丁裏まで本文が記されている。全文を紹介するには紙幅の余裕がないため、意訳して掲げたい。すでに冒頭部分は、紹介している。

〔史料29〕

子供を遠くに奉公に出すので、親たちはとても案じている。（中略）烏が鳴かない日はあるが、我が子の事を思い出さない日は一日もない。どうか子供が息災で首尾よく出世してくれたら良いなと、どこの仏神へ参詣しても、自分のことは願わず、ただ我が子の息災延命《そくさいえんめい》出世するようにとばかり願うなり（中略）。どこそこの息子は江戸へ行くと死んだ。どこの息子は越後屋・白木屋・大丸の番頭にまでになったが、辛抱が悪くて金銀を遣いこみ、しくじって今はどこに居るかわからないそうだなどと評判し、また、たまたまよく辛抱し遂げて親の売った田地を買い戻し、在所の家も造り直し、親達を安心に養い、近所近辺の人々が褒めるような息子になり、よいことを聞くにつけ、悪いことを聞くにつけ、心配して悩むことばかりである（中略）。ある息子はよく辛抱して勤めたので番頭となり、一年も過ぎると中登《なかのぼ》りで帰省する（中略）。それで（親たちは）誰も聞こうともいわないのに、私たちの息子が首尾よく出世して、何月幾日には帰って参ります、と触れ廻して歩く。（後略）

右に続く文章は、息子がいよいよ帰省した時の情景を記しているが、実際の在所登りの実態とはいささか異なり、文飾が施されているので引用を避けた。史料では子供の無病息災を日々案じる親の想いが語られているが、その想いは同時に子供が出世してくれることを願うことと裏腹の関係にあったことが注目される。

何が語られているのか

また、首尾よく出世した結果は、番頭という地位を得ることとして語られている。この地位に至るには、奉公中には辛抱が必要であること、店の金を遣い込むような不埒な行為をしないことは当然の務めであった。それぞれの親は自分の子供だけでなく、他の家の子供の行状についても関心を抱き、噂話で評判をたてる存在でもあった。それゆえ、自分の息子が番頭という店内の職位の上位に至れば、知り合いに吹聴して廻るほどに喜ぶのである。なぜなら、辛抱をし遂げた「ほめ事のむすこ（褒められるような息子）」は、（貧しさゆえに）親が売り払った田地を買い戻し、親が住む家を新改築し、老後を安心して暮らしていけるようにできる存在であったからである。

このような、江戸下りをする子供の描写は、単に江戸時代の教訓書にのみ叙述されたのではなかったし、江戸での奉公経験だけが出世する機会でもなかった。

外村繁『草筏』の風景

外村繁《とのむらしげる》（一九〇二〜六一）という作家をご存じだろうか。彼は東近江市五個荘金堂《こんどう》町を代表する外村家一統の一人であり、現在は生家が「近江商人屋敷」として保存・公開され、多くの観光客が訪れている。

彼自身も昭和三年（一九二八）から八年にかけて、父の死去により東京日本橋で家業に従事し、その後に弟に家業を託し、文学の道に専心するようになる。そして、近江商人の末裔として自らの体験を作品に反映させている。それらは、「商店もの」「筏《いかだ》もの」と称される作品として残されており、昭和三七年には講談社から『外村繁全集』全六巻も刊行されている。これらの作品は、私小説でありフィクションではあるが、「近江商人としての外村家一族の血の源流とその興亡の歴史および商家内部の人間関係の生態と分かち難く結びついている」〔久保田一九九九〕がゆえに、近江商人を研究する上で、今もなお光彩を放っている。昭和一〇年八月に未刊であった『草筏《くさいかだ》』は、第一回芥川賞候補作品として取り上げられた小説であったが、文中の一節は近江商人の研究を行う者にとって、衝撃的な叙述である。そこには次のように書かれている〔『草筏』。なお引用はサンライズ出版刊の復刻本による〕。

〔史料30〕

この江州の東部地方は古くから所謂《いわゆる》近江商人の出生地として有名であった。が殊に

図７　外村繁の生家（「近江商人屋敷」東近江市提供）

この六荘村は、中の庄に藤村家、橋詰に岩井家、太子堂に仲家などの県下屈指の分限者《ぶげんしゃ》達が集まっているので、まるで近江商人の本場のよう《（ママ）》に言われていた。したがって村人達の気配にも自ら異なったものがあった。親達はもちろん、子供達までが丁稚《でっち》奉公に行くことを無上の誇りにしていた。村の母親達は無理を言う子供等をこう言って叱った。

「ようし。ほんなことしてな。大きいなっても丁稚さんに行けんほん！」

　すると頑是《がんぜ》ない子供等でさえ無理言うことを止めるのであった。事実当時は東京や京大阪から「兄さん」達が立派な服装をして帰って来た。また、もったいないような新宅を見事に建てた「叔父《おっ》さん」達も幾人となくいたのである。だから村人達は、丁稚見習いさえ辛抱出来ずに帰って来た真吾を、まるで異端者のように白眼視した。

右の一節に「丁稚奉公の盛んな地方の気風」を読み取ったのは、入江宏も同様であった。

入江は、「近江地方の子供たちは、商人の社会的地位がとりわけ高かったこともあいまって、丁稚奉公に行くことをむしろ誇りとし、成功への最も確実な階梯として信じていた」と記している〔入江一九九六〕。

ただ、この小説はあくまでも近代期の五個荘地域を舞台として創作されているものであり、外村繁の記憶や体験を素地にしたものと理解すべきである。しかしおそらくは、近世期においても史実からかけ離れたことではなかったと思われる。かつて筆者は、この一節を携えて当地の近江商人の末裔に、これは本当のことだったのかどうかを尋ねてみたが、苦笑を浮かべて「まあ、そうでしょうね」という応答であった。その反応の曖昧さは、これに近い社会通念が、昭和の高度経済成長期頃まで少なからず当地に遺風として残っていたことを暗に示唆するものと受けとめた。

近江商人の末裔である外村繁が描いた、近江商人を輩出した地域の子供と親の精神世界、社会通念は、特殊で個別的地域のものであったのだろうか。それを確かめるために、以下では代表的な近江商人の家に残された店法・店則類を見てみよう。

日野商人中井源左衛門家

店法の中の立身・出世の用法

近江商人の中で最も富商であり多数の出世証文が残されていた中井源《なかいげん》左衛門《ざえもん》家については先述したが（76〜99頁）、歴代当主が書き残した店法・店則類も多数伝来している。当家の立身・出世観を記す店法はすでに別稿〔宇佐美一九九九〕で論じたこともあり、ここでは簡単に紹介するにとどめる。

中井家の最も古い年紀の店法は、初代源左衛門光武（77頁の表4参照）が明和八年（一七七一）七月に成文化した「定」（「中井源左衛門家文書」）である。その全一九条の第一条目と奥書は次のように記されている。なお、以下の引用史料は意訳を記すことにする。

〔史料31〕

一（主人に）忠節を励み、親に孝行（を尽くし）、傍輩《ほうばい》中子供に至るまで随分睦《むつ》まじく致し、互いに立身・出情しなければならない。

（中略）

右の条々を家内の人々は堅く相守るように。ただ人は忠孝の道をしばらくも忘れてはいけない。ともかくも家内では互いに睦まじくすればよく、家業を油断なく勤め、永々に家が繁昌するように考えることが専一である。総じて子供を奉公に出した親は、子供が御主人の用に立ち、その御蔭で行く末宿を持つよう、朝暮れ願っている。（それゆえ）忠勤を励めば、御主人は言うまでもなく、天道の憐れみを蒙り、忠孝の道に叶い、老後の子孫繁昌も疑いない。（このことを）常々心得なければならない。

図8　初代中井源左衛門光定（司馬江漢画，天明8年，滋賀大学経済学部附属史料館蔵「稿本中井家史　第一巻　初編」より）

右の第一条と奥書は、二代源左衛門光昌が文化三年

（一八〇六）六月に大坂出店に宛てた「店掟目」全二五条の第二条目と奥書にほぼ同文が示されており、主人の意向は継承されたことがわかる。また、三代源左衛門光熙が文政六年（一八二三）八月に制定した「家定録」全三七条の第一五条目を意訳すると、次の通りであった。

〔史料32〕

一子供の勤務ぶりや行儀作法が、とても猥《みだ》りになってきて、これでは将来出世する道を歩むことは心もとない。総じて主人の用向きを大切に励み、指示を遅滞なく実行しなければならない。子供のうちより気随《きずい》惰弱《だじゃく》に過ごすようでは、どこへ勤めたとしても立身することはできない。とどのつまり主人の用事は外のこととは違うと（差をつけて）心得ているからだと思われ、歎かわしい。どのようなことも立身するための辛抱なのである。子供のなかで不埒の者が出て、主人が解雇したとしても、主人にとっては特に差し支えることはないが、解雇された者は、主恩に背いた天罰にて、自然の悪報を逃れることができず、終には親子の縁も切れ、生涯身の置き処もなくなってしまう。これは不愍《ふびん》の至りである。このようなことは、すべて子供のうちに覚悟していないから（生じるの）である。このことをよくよく考え、行状正しく勤労を尽くし、出世の基を身につけることが大事である。

諺《ことわざ》に、可愛い子には旅をさせよと言うが、旅は物憂き習いや世界の者の憐れみを知り、金銀の大切なる事を弁え知るものである。空しさを知る者は空しさに逢わず、不自由なる事を知る者は不自由に逢わず、かえって不自由を堪える者は何事に逢っても痛みなく、立身の便りになるものである。壱銭なくては小河も渡られないという事もあるのだから、金銭の徳をよくよく弁えていれば、無益なことには壱銭も費やさないようになるのである。

同様の規定は、四代源左衛門光基が定めた「掟目」全四三条の第四条にも見られ、中井家では歴代当主に継承された理念であった。

中井家の立身・出世観

史料31・32を一読して明らかなように、中井家の主人は奉公人に対して自らへの「忠節」と親への「孝行」に努めることを強調する。ただし子細に読むと、光熙は「子供」を対象とする条文に改めている。これは、経営の拡大につれて奉公人が増えるとともに、「子供」の勤務ぶりに問題が生じるようになったことを反映していると思われる。

これらの店法の条文で使用されている字句に着目すると、とりわけ光熙の時期になると立身と出世が明確に異なるものとして理解されていることがわかる。入店した子供には「出世の道」が開かれていること、その出世の道は「行状正しく勤労」を尽くすことが前提であるとしている。しかし出世の前段階には、「立身するための辛抱」が待ち受けていた。その道程では、「世界」での実体験が必要であり、世間の人からの憐れみ、一銭の大切さ、あるいは空しさや不自由さを身をもって知ることが「立身の便り」となるのであった。それゆえ、気随惰弱な生活を送り、仕事に軽重をおいて勤めるようでは、主人や天道からも見放され、孤独な人生が待ち受けることとなる。それを避けるには、ともかくも子供の時に「覚悟」しておく必要があると言う。

つまり主人に仕え仕事に励むことは、「出世の道」を歩むことであり、それは「行く末宿を持つ」ことにつながるのであった。そして、行く末宿を持てるようになれば、たんに自らの老後の安穏だけにとどまらず、子孫の繁栄にもつながることだと言うのである。

この文脈から判断するならば、中井家では立身の後に出世の世界が待ち受けていると諭していると思われる。出世の世界は独立して自営業者になることであって、立身するとは独立する前段階の行程、すなわち店内の職位を昇任することを意味していたと考えることができる。

五個荘の商人たち

作家の外村繁が生まれ育った地が、近江商人を多数輩出した地域の一つであることは、言うまでもない。外村家一統が居住した集落は、近世期には神崎郡金堂《こんどう》村（五個荘町）と称され、所領支配の変遷を経ているが貞享二年（一六八五）以降は、大和国郡山・柳沢家領であった。

外村家一統の家訓・店法類

外村家一統の本家である与左衛門家（外与《とのよ》）は、元禄一三年（一七〇〇）、五代目与左衛門照敬が一九歳の時に初めて持ち下り商いを行った年を創業年次とし、現在の繊維商社外《との》与《よ》株式会社に至る。当家に残された家訓・店則のほとんどは、一〇代目与左衛門応信が記したものである。弘化三年（一八四六）の「家之掟」以降、明治一九年（一八八六）頃までの間に二三点、年未詳を含めると三五点の伝来史料が確認されている。また、分家の宇兵衛家（外宇《とのう》）のものは、安政三年（一八五六）八月制定の「家訓」から、明治三四年一月制定の「細則書」までの八点が残されている。さらに、分家の市郎兵衛家（外市《とのいち》）にも、近代期の五点の史料が伝わり、いずれも翻刻されている〔『五個荘町史資料集Ⅰ』〕。以下の外村一統の店法はこれによる〕。なお外村繁家は、宇兵衛家の分家にあたる。

外村家一統に数多くの店則類が残されているのは、幕末から明治二〇年代にかけての社会変動期に、経営上・家督相続上において困難が生じたためであったと思われる。とりわけ本家の与左衛門家では、天保一〇年（一八三九）に一八歳の与兵衛（照成、応信）が家督を継ぎ一〇代目を襲名、明治三年に隠居し、一八歳の息子与七郎（照誉、栄信）が一一代当主となった。ところが病弱であったこともあって、九年後の明治一二年にわずか二歳の照信（為信）に当主の座を継がせることとなった。このため、隠居であった一〇代目（改名して正二）は、照信の祖父として後見し経営に携わらざるを得なくなった。

末永國紀が「明治初年の文明開化期から松方デフレ期にいたる商業経営にとって厳しい受難期を、若年の当主と幼児の当主の続いた外与が乗り越えるには、取締役会に相当する店重役と分家の同心協力を必要とした」〔近江商人博物館編二〇〇〇〕と述べているが、当該期に多くの家訓・店則類が次々と改正・追加されていることの理由は、そのあたりにあったと思われる。

なお、外村与左衛門・宇兵衛家の立身・出世にかかる店法についても別稿〔宇佐美二〇〇二〕で述べたことがあり、ここでも、引用史料は意訳して紹介する。

外与家の立身規定

安政三年（一八五六）の「心得書」は全四四条からなるが、その第一〇条、三〇条、四四条には次のように記されている。

〔史料33〕

一、（一〇条）およそ人の道は、貴賤ともに正直にして苦労しなければならないはずである。若い時より早くこのことを弁える者は人の道に叶い、必ず立身するのである。常々このことを忘れず、誠心誠意勤めるように。（後略）

一、（三〇条）支配人は全体の重役だから、万事に心を配り差し障りがないよう身心を堅固に持たなければならない。奉公人のなかで心得違いの者が出たならば、支配人の不行届きにもなる道理なので、必ず油断なく奉公人の性質を見立て、忠孝明徳の道理を心得、奉公人の皆々が順当に立身するように、よくよく申し諭さなければならない。もし家風に背いた心得違いの者がいてやむを得ないならば、決して許してはいけない。（後略）

一、（四四条）（前略）この病苦（注・湿病）に苦しみ責められては、忠勤はもちろん親に対しても第一の不孝となり、人間の道に叶わず、天の憎み給うところなので、とても立身

することはできず、後悔しても元には戻らない。（後略）

まず第一〇条では、奉公人一般に対して、「正直にして苦労」することが「人の道」に叶うことであり、若い時からこのことを弁えることで立身すると諭している。

一方、第三〇条は、支配人たる者の心得を述べている。ここでは、支配人たる者は、心配りを大事にして心身を堅固に保ち、下位の職位にある奉公人の性質を見立て、「忠孝明徳」の道理を心得ることが求められている。そして、他の奉公人たちも順当に立身するように申し諭すことが職責の一つだとされている。

また第四四条は、売婦との交わりを戒めたものだが、悪病に罹患することは主家への忠勤の障りになり、親不孝な行為であって、人間の道にはずれた所行であるゆえ、天の憎むところとなり立身はなりがたい、と述べている。

これらの条文から、立身とは人の道に叶った結果を示すものだと諭していることがわかる。そして人の道は、主家への忠勤や親孝行を所与の前提として天が愛憎をもって応報すると考えている。また、支配人は奉公人たちが皆々順当に立身するように配慮すべきだとしていることから、立身とは外与家の職位を昇進することであると理解できる。「心得書」に「立身」という語が用いられているのは右の三条だけである。

さらに一〇代目が明治五年に制定した「厳改正」（全二九条）の第二条も紹介しておこ

う。

〔史料34〕

一、銘々は若い時より自分の行く末の大切なることを心得、立身したいとの志がない者は、第一に大恩を受けた親への親孝行の道も立たず、かつ不忠の至りである。その次第により末は難義に落ち入ることになる。これすなわち我が身を知らないということである。（後略）

右の条文でも奉公人に向かって、忠孝を行うためには「立身したいとの志」を持つように諭している。このような、忠孝を媒介させて奉公人に立身することを鼓舞し、奉公することの動機付けとすることは、中井家の店法と共通している。ただ、中井家では明和八年（一七七一）には述べられているが、外与家では新時代が到来したことに合わせて強調されているという違いが見られる。

また、「厳改正」の第二六条は「重役」の者に対して心得を諭したものであるが、そこでは「とりわけ次役・若衆は特に将来も長く、ことに盛んな年代の身にして、行く末立身をしなければならない」という一節が見られる。ここでの立身も、明らかに「次役」よりも上位の役（店帳場役、別家）に昇任することとして用いられている。したがって、一〇代目の用語法としては、立身することは店内の職位を昇任することと考えられていたと言える。

ところが、年未詳ながら天保七年（一八三六）〜明治五年（一八七二）の時期に九代目が記したと推測される「条目之下書」の第三六条は、別宅となった者が差し入れるべき一札の雛形を併記しているが、異本による附けたり部分に次のように記している。

〔史料35〕

右の一札を差し入れ自商売をしているので、毎年勘定帳簿を本家へ提出すること。もし本家の恩沢を思って正路に営業し、年を経て立身したならば、なおまた本家よりも手厚く世話をする。当初に依怙贔屓の取り計らいは、決してしてはいけない。

ここでの「立身」は、「自商売」すなわち別宅となって自営業を始めた奉公人の、年を経てからの姿を意味している。その限りでは、店内の職位を昇進するという意味ではないだろう。したがって、九代目と一〇代目では「立身」の用語法、意味する内容が異なっていたと思われるのである。

外与家の出世規定

外与家の家訓・店則のなかで「出世」という用語を含むものは、前出の「条目之下書」の第三三条が最初のものである。そこでは次のように記されている。

〔史料36〕

一、召仕いの内で役に立たない者は、奉公中の給金預かり分の外に少々の元手金を遣わし解雇すること。役にも立たぬ者を辛抱して召仕うと、その者が愚昧であっても自分を愚かと思う者はいない。よって、その者のためにはならない。主家では役に立たぬ者を世話致し（たことになり）、その甲斐がない。もし役に立つ者が出世した時は、愚かなる者ほど偏執致し、何かと人気が調わないことのみ言い出し、誠に家の不孝になるので、この義をよくよく先見致し、速やかに引退させ、その替わり役を見立て、新旧にかかわらず役に立つ者を撰び出すように。

この条文における出世は、職位を昇任するという意味で用いられていると考えられる。なぜなら主家の役に立つ者が出世している時に、「愚かなる」「召仕い」が奉公している状況を想定しているからである。「新旧にかかわらず役に立つ者」の選出を定めていることからも、右の理解でよいだろう。

ところが、明治一九年（一八八六）に一〇代目は「本家方分改正」に次のように書き残している。

〔史料37〕

一、倹約と勉励の二門より出世ある事

若い時からそれぞれ自分一人のことにつき、喰事・着用・小入費と分別して遣わない者は、米つぶし人間であり、世間で与えられた役目を果たせない者であるから、天も憎み給うことである。もっとも、運というのは運ぶということだと思い知らなければならない。また行く末に一家を立て、家内眷属《けんぞく》を導き相続しなければならないと心得のある者は、特にその思いがなくてはならない。

但し、この思いがない者は、親へ不孝、主人へは不忠、それゆえ一人ごとにきっと改めて、諸事を慎み人の道を守れば、その人は富貴《ふうき》になるだろう

ここに記された晩年の一〇代目の心性は、これまで触れてきた観点と異なることはない。しかし注目されるのは出世という用語を使用していることである。しかもこの時の出世は、「富貴」と結びついたものとなっている。そして富貴は「行く末に一家を立て」家の永続を図ることを実現できるものであった。その視点もまた、中井家の店法などで述べられていることと同一である。忠孝や人道を強調することもまた、共通している。

しかし、一〇代目が出世を富貴と結びつけて考えるようになったのが、いつのことなのか、それは定かではない。少なくとも史料36と37で「出世」の意味が異なることを考えるならば、次のように整理することができる。

外与家の立身・出世すること

「立身」「出世」の用語を前述のように見てくると、外与家では九代目当主は立身とは「自商売」に成功することであり、出世とは店内の職位を昇進するものと表現していた。一〇代目は立身することが店内の職位を昇進することであり、出世とは別家となり「富貴」になることと考えていたと言えよう。この限りで九代目と一〇代目は、立身・出世を逆に用いているが、いずれにしても忠孝を尽くすことにより実現できるものであり、それに加えて「人の道」「人道」を重視していると言えよう。

ただ、人の道を守ることが大切だと言われても、抽象的な表現であり、具体的な行動のあり方は示されてはいない。しかし、同時代に店内で暮らした人々にとっては言わずもがなのことであったのだろう。立身・出世していく過程のなかで、自ずと奉公人たちはその意味するところを理解したのだろう。なぜなら、営業や生活に関わる基本的な規則・規範は、別の条文で示されているからである。

外宇家の立身・出世観

六代目外村与左衛門浄秋の末子であった宇兵衛嘉久が分家して立てられたのが宇兵衛家、すなわち外宇家である。当初は、本家与左衛門家と乗合《のりあい》商いをしていたが、文化一〇年（一八一三）三七歳の年に独立して商売を始めている〔上村二〇〇〇〕。当家に残された安政三年（一八五六）八月制定の「家訓」にも、立身・出世の用語が見られる。同年には、与左衛門家でも「作法記」「心得書」が制定されているところから、両家にとって経営上の画期となった年であったようである。「家訓」は全五条からなるが、宇兵衛はこれら五条をそれぞれ「忠孝仁義誠」の五道としてとらえ、質素倹約を守り、家業に精出し、「銘々脩身《しゅうしん》」に励むよう誡めている。立身・出世は、その第二条、すなわち「孝」を説く条文に記されている。ここでも意訳しておこう。

〔史料38〕

一、孝はすべての善の本と古書にもあり、最も大切なことである。孝というのも忠というのも本来は同じことで、親に仕える時は孝と言い、主人に仕える時は忠と言う。両親の心は、（子供が）主家を頼りに売買の筋に通達し、無事に一家を脩《おさ》め、後に必ず出世させたいという自愛の厚きより、遠方であっても子供を奉公に出すのだから、父母の心に違わないことを孝と言うのである。孝を存じていれば忠に至り、忠を存じていれば孝に至る。主家の職業に精を出すのも、後々に自分が創業する際の稽古であって、身を立てる基なのだから、心を尽くして修行しなければならない。そうすれば父母も安堵し、忠・孝ともに欠けることなく、自然と天慮に叶い、その身の後栄は疑いない。主家の職業を疎《おろそ》かにして立身の基を失い、いたずらに犬馬の齢を重ね後悔しても、詮ないことである。ましてや酒食にふけり、君父の恩義を忘却して一生を誤るような例は少なくない。これは深く畏れ恥ずべき事である。それゆえ、互いに警戒して厚く孝道を心掛けたいものである。

右に述べるところによれば、忠・孝とは本来同一のものであり、親に仕えるときは孝、主家に仕えるときは忠であった。親は、子供が商売の筋に通達して「一家を脩」め、後に必ず出世させたいという思いから奉公に出すのである。それゆえ、親の思いを叶えるためには、奉公に上がったならば、「主家の職業」に精を出して勤めることが大切なのである。なぜなら奉公人として主家のために尽くすことは、その行為自体が後に「我が創業」を実現させるための「稽古」であり「修行」だからである。「立身の基」、すなわち身を立てる基は、主家の職業に誠心を尽くすことにあり、それを実行することが忠孝を体現することでもある。その尽誠の行為は、やがて天慮にも叶うことになり、「後栄」が実現することにつながっている。宇兵衛は、このように誡めていると読むことができる。

換言すれば宇兵衛は、奉公人が主家の職業に精出すことによって立身し、その後に一家を構えて創業することを、出世することだと考えていた。出世すれば後々も栄える可能性がある、すなわち子々孫々の繁盛へと繋がることだと諭したのである。

親が子供を奉公に出す時の思いを強調しているのは、先に見た「奉公人江戸下り図」の一節や中井源左衛門家の店法でも同様であった。子供・奉公人に対して、ことさらに親の思いを引き合いに出すことは、当時の近江国の社会通念を反映していたと考えることができる。しかし一方では、主家への忠を正当化する論理として機能しているとも言えよう。

宇兵衛の説く人の道

それはさておき、外与家では「人の道」が強調されていた。宇兵衛家でも、「忠孝仁義誠」の五道のうちの「誠」に関わらせて述べられている。

〔史料39〕

誠は天の道であり、思誠《しせい》は人の道だと「中庸《ちゅうよう》」にも出ている。五常五倫《ごじょうごりん》の道もこの誠に行き着く。天下の交易・売買も互いに誠の一字をもって、滞りなく行われているのだから、人間にとって大切なことは、この誠より大なるものはない（中略）。奉公人の立場であれば、なおさら堪・忍の二字を大切に思い、身を謙遜し、上の立場の人を恭敬し、下位の人に憐愍を加え、若い人を引き立て、嫉妬《しっと》・偏執《へんしゅう》の片寄った心を除き、少しも諍《あらそ》いがましいことはせず、よく和順して人に随い、一分の私心に迷うことなく、一つの企て事などしないように互いによく心がけ、決してこの道をおろそかに心得てはならない。

右の「誠」の条文では、人の道は対人関係における堪忍・謙遜・恭敬・憐愍などが説諭されている。とりわけこのことは、奉公人の上下関係に関連させて説かれている。店内での職位が上にある者が、下位にある者を教導すべきことは、外与家の立身規定でも強調されているが、そのことと共通するものである。上に立つ者と下位にある者が、それぞれに弁《わきま》えるべき心の持ちようこそが、人の道の意味することであった。これらの観念を自らの血肉とする努力は、店内の安寧秩序を形成する上で基本的なことであり、これが維持されている限りは店内には和順が保たれるのである。このことは、中井家における「とかく家内では互いに睦まじく」して仕事に励むことと同義だと言える。人の道は生きている人間にとって最も大切なことであり、理想的なあり方は自分の努力で実現できるものだと説かれている。外与家では抽象的に表現されていることが、宇兵衛家では奉公人が守り、修得すべきこととして具体的に示されているのである。

塚本定右衛門家の立身

外村一統が居住する金堂村の隣村は川並《かわなみ》村である。この村からも多数の商人が輩出されているが、同村に本宅があった塚本定右衛門家は、「紅定《べにさだ》」の名で知られた商人であった。初代定右衛門定悦《じょうえつ》は、寛政元年（一七八九）に生まれ、文化四年（一八〇七）から行商を始め、同九年には甲斐国甲府に店を構えるようになった。当家の家訓にも立身・出世の用語が見られるが、それは定悦が制定した

図9　初代塚本定右衛門定悦（ツカモトコーポレーション蔵）

二点の家訓である。

最初のものは、「文政年定」と巻頭に記された「家内の定」（ツカモトコーポレーション蔵「塚本定右衛門家文書」、近江商人博物館編一九九八）である。染筆の年次は明記していないが、他の伝来史料から判断して文政一一年（一八二八）であることは間違いないだろう。ここでは八か条の定めが記されているが、その第三条には、「銘々引受商内の儀、昼夜油断なく相励み、主従ともども立身の心懸け専一候事」とある。当家では、立身することは奉公人の努力だけでなく、主人である定右衛門にも共通する務めであることが強調されていた。この「家内の定」は「支配衆中」に宛てられて作成されていた。そして巻物の奥裏には、「江州川並」本家「紅屋」の印鑑二つとともに「呉服方」「夏物方」の印鑑が押されているところから、それぞれの店・営業部署の人々に周知されたものと思われる。

また、嘉永元年（一八四八）一〇月三日に甲州で染筆され、甲州店支配方の利兵衛に預け渡された「規則守福路《きそくまもりぶくろ》」なる表題の冊子に収められている三〇か条の「塚本家掟書の事」もある。そこでは、奉公人たちが商業活動を行う上で留意すべきことが述べられているが、倹約することや相場を勘案することを指摘し、「右の規方、自他共猥りに致し候者には、きっと越度《おつと》申し付くべく候、ゆめゆめ怠りなく相はげみ、主人に忠を思ひ、自分も立身の期心懸くべく候」と述べている。

この一節から明らかなように、定悦は主人に忠を尽くす一方で、奉公人自身も「立身の期」を心がけるよう諭している。立身の期とは、おそらく別家になる時期、あるいは期待を意味していると思われる。なぜならこの店法が記された冊子は、甲州店の利兵衛に預け渡されたと思われるが、末尾の尚々《なおなお》書きに「この書を譲り候者を支配の印とさだむべし。立身の後、次の者に譲り候はば、主人へ相届け候うえ、そのさし図を以て相渡し申すべく候」とある。この冊子は甲州店支配方の者が「支配の印」として主人から預けられていたものである。「支配方」から立身した後には、次の担当職位者に譲られるものと記されているため、「立身」とは支配方以上の職位になること、すなわち別家になることと判断できる。

またこの家訓は右の奉公人に対する申し諭しに続けて、小間物・太物類・呉服類の具体的取引方法を記し、最後に定悦の到達した商人観が述べられている。そのなかで「今日主人ある者は主人に仕へ、親ある者はその親につかゆるに日務を行ひ、かせぎて身を立て、家をおこし、親主人に忠孝をつくし、安楽に見届け給はでは人間の役目立ちがたし」と記した一節がある。稼ぎて身を立て、家を興し、主人や親に忠孝を尽くして安楽に暮らせるようにすることこそが、人間の役目なのだという。立身とは、したがって主家から独立して自営業者となることを意味していたと思われる。

なお、「規則守福路」を用いて「人の道」「天の道」を論じた柴田純は、「天の道」で「立身出世」と四字熟語を用いて説明している〔柴田二〇一八〕。しかし、塚本家における立身と出世の相違について、弁別してはいない。これに関わって、商人観を述べた条文に次のようなものもある。すなわち「人出世・立身せんと思はば、兼光《ママ》法師が徒然草に言へるごとく、万の事外に求むべからず、ただここもとを正しくすべし、清献公が詞にも、好事を行じて前程を問ふ事なかれ、世をたもたん道もかくやあらんと、誠にこの一言味はふべし〳〵」。

この条文は、兼好法師の『徒然草』第一七一段に書かれている、北宋の大臣であった清献（趙抃《ちょうべん》の諡《いみな》）の言葉である「今を最善にすごし、未来のことを人に聞いてはならない。

政治も同じことである」を引用している。定悦が「出世・立身」と記すとき、自らが誠実に努めることを求めているのである。ただ立身と出世とは別の概念として考えていたとすれば、出世とは職位を昇進することを意味したと思われる。しかし、たんに出世立身と四字用語で同義で理解していたとも考えられる。そこで、もう一通の家訓を検討してみよう。

一代口上書の意味すること

嘉永二年（一八四九）、定悦は「一代口上書」なる巻物を認めている。これは「還暦を迎えたことを機に、一代口上書として自らの尽誠を振り返り、家内のもののために略歴と教訓を記した」（近江商人博物館編一九九八）ものである。このなかに次のような記事がある。

（イ）　御地頭様より一本宗旨頂戴し、御本山よりは定聚庵名を頂戴した。これも出世の事である。

（ロ）　六十一歳となったが、昔より本家《ママ》かへりには紅衣類を用いるそうなので、自分もその定まった心に任せる。万一家内や若者の内、心定めとは相違して身勝手都合の良い計らいを見習ったり、前後の働きに弁えがない時は、本人出世の妨げとなり、我が家の崩れにもなるだろう。（後略）

（イ）の記述から、定悦は「御地頭」である大和郡山藩主から宗門改めにおける特別待遇を受けることと、「御本山」の東本願寺から「定聚庵」名を授けられたことを、「これも出世の事」だと考えたことがわかる。それは、おそらく献金という行為によって実現したものと推測できるが、少なくとも他の百姓身分の人々とは異なった待遇を権力・権威者から受けるようになったのも出世なのだと考えていたことに他ならない。

（ロ）の記述からは、道理をわきまえない行動は出世を妨げることになり、ひいては家を崩すことになると理解していたことがうかがえる。換言するならば、家の永続を実現するためには身勝手な考えで行動しない、ということを意味している。永続されるべき家は、いわゆる家名・家産・家業が一体化したものであろう。かかる家の永続もまた、出世を体現するものとだと考えていたのではないか。

このような出世観は、身分制の枠組みにあって、ある程度の名誉を附随することを前提としている。定悦は、嘉永五年四月一〇日に彦根藩井伊家からも一五人扶持を与えられるが、その時に「扶持頂戴致し、家長久、大慶至極に存じ奉り候」と「一代口上書」に記している。井伊家の扶持人になることが、家が長く続くことになり、この上もなく目出度《めでた》いことだと考えることも、右に述べたことと符合することであろう。

それゆえ、「出世立身」は、塚本家にあって職位を昇進し、その後に尽誠を通じて家業を正路に行うことによってもたらされるものであった。そのことは永続すべき家の達成（「家長久」）を前提とする考えであったと言えよう〔宇佐美二〇〇一〕。

塚本定右衛門定悦の孫である二代目塚本源三郎玄翁は、大正一五年（昭和元、一九二六）に次のように回顧している〔『商人』、宇佐美二〇〇二〕。

塚本源三郎玄翁の回顧

〔史料40〕

私どもが白雲頭の丁稚時代に、何かの式日の際に、帳場の前へ招集されて、番頭さんから立身出世が第一だということから始めて、「右の条々を固く守るように。何事も始を忘れては、将来何も達成できない。したがって、年始三が日の御式もすべて始を忘れないためである。親子や主従は一つの体と同じことなのだから、お互いに助け合い、家業大切に励んだならば、立身出世することは疑いない。このことは、銘々の年老いての歓楽、あるいは忠孝・国恩に報いる道理にも叶うことである」と読み聞かされた。この言葉は今もなお耳底に残っており、身に沁みてありがたく感じる次第です。

源三郎玄翁の「白雲頭の丁稚時代」とは、明治一〇年代（一八七七〜八六）のことと推測されるが、塚本家では式日には店員が、番頭から店法を読み聞かされ、立身出世することを鼓舞されていたことを知ることができる。

右の読み聞かされた店法は、文政一一年の「家内の定」の奥書にほぼ同文のことが記されていることから、これが用いられたと思われる。しかし、「家内の定」は天保三年（一八三二）三月と記入された写しや明治期のものも残されており、あるいはこれらの写しの方が用いられた可能性もある。

いずれにしても、塚本家でこのような慣行がいつまで続いたのかは回顧されていないが、店法の奥書に立身出世が謳われていたことは確実であろう。そして、家業に精励することが立身出世に必要なことであり、それは「老いての歓楽」に結果するだけでなく、「忠孝・国恩」に報いることにもなるのであった。ただ、「忠孝・国恩」に報いるというが、「家内の定」が染筆された文政年間において、「国恩」の対象である「国」が具体的にどこを意識していたかは、定かではない。

八幡と他の商人たち

外村与左衛門・同宇兵衛、塚本定悦・同源三郎たちは、神崎郡五個荘地域の商人であり、同村もしくは隣村にあって商人として活躍した時期が重なっていた。また、同族関係でもあったため、立身・出世観が相互に影響しあい共通したと判断することも可能である。しかし、中井源左衛門家は、蒲生郡日野の商人である。このことに鑑み、近江商人を早くから輩出した蒲生郡八幡の商人についても見ておこう。まず取り上げるのは市田清兵衛家である。

市田清兵衛家の家訓

市田家で文政一三年（一八三〇）一二月に制定された「定」の第八条は、次のようであった（「市田清兵衛家文書」）。

〔史料41〕

一八幡様の御召使いは鳩である
これは油商売の守り神なので、この鳥を捕獲してはいけない。
右の両鳥（烏・鳩―筆者注）を捕獲して食べる者は、立身出情することはできないので、お互いに慎しまなければならない。

この「定」は、一〇代清兵衛直良が定めたものである。「立身出情」の用語は、熊野社の神鳥である烏や日牟禮《ひむれ》八幡宮の神鳥である鳩を、捕らえ食べたりすることを制止する条文となっている。烏・鳩といった神の召使いに危害を与えれば、立身出情できないと誡めているのである。ただ、具体的に立身出情とはどのような状態を指すのか明言してはいない。また「立身」と「出情」を異なるものと理解していたのかどうかも判然としない。しかし、市田家においても立身出情という観念、考え方が存在したことは間違いないであろう。

ところで、この市田家には正徳年間（一七一一～一六）頃に、三代清兵衛が定めたものと伝えられている「家則」が存在する。この原本は、伝来している市田家文書には見あたらないが、翻刻された史料がある〔井上政共一八九〇〕。それによれば、「家則」は全一〇条からなり、奥書に「右の箇条各々堅く相守り、立身出世すべし」とある。もしこの「家則」が正徳年間に制定されたものならば、「立身出世」という用語を用いた家訓・店法としては、管見の範囲では初見である。

しかし、この「家則」が正徳年間に制定されたというのは、疑義がある。なぜなら、制定されている全条文に「候」という文字は一字も存在しない。一般的に近世期の文書であれば、全く「候」を用いずに文章を書くことは考えられない。それに、書止文言《かきとめもんごん》も「立身出世致すべきもの也」と書かれるのが通例であろう。

また、市田家で安永四年（一七七五）九月に制定された上州「高崎店定目下書」には、「家則」と共通した条文がある。「家則」第七条は、「一金銀出入勘定の時は、支配人および番頭が立ち会って改め、資本繰廻し方に粗末なきよう心得なければならない」とある。一方、「高崎店定目下書」第四条は、次のように書かれている。

〔史料42〕

一金銀の収支勘定は、市ごとに支配人ならびに頭分の者が加わり、立ち会って改めなければならない。もっとも、遣り取りを大切にしなければならないことは言うまでもない。常に日々の勘定を弁え、（金銀の）繰廻しを麁末《そまつ》にしないよう心得なければならない。（後略）

「家則」にある「資本繰廻し」という表現はいかにも近代的であり、当家の他の近世期の家訓・店法には見あたらない。また、翻刻史料がすべて漢字・カタカナ書きであるのは、変体かなを用いる近世史料を忠実に翻刻したものではないことを示している。これらの点から、「家則」は井上政共が閲覧・翻刻した時点で修正されていると考えざるを得ない。

しかしながら、井上が前掲書をまとめた際に原史料を見て翻刻したことは、他の事例からも間違いないことであり、原文通りではないとしても、内容としてはあり得た可能性がある。それゆえ、主人が立身・出世を謳う店法が正徳期まで遡る可能性を、必ずしも排除はできない。

このように、「家則」原本がいつの時点のものか断定することは困難であるが、ともかくも市田家でも、奉公人に対して立身出世すべしと諭したことは確かであろう〔宇佐美二〇〇二〕。

原田四郎左衛門家の店法趣意書

原田四郎左衛門家もまた、享保七年（一七二二）八月には上州藤岡（群馬県）の地で、呉服・太物類の販売と味噌・醤油醸造販売を中心にして出店を設けていた〔井上定幸一九六三・一九六六〕。当家の三代目は、文政一〇年（一八二七）五月に全一九条からなる「掟」と、翌月には「趣意書」を制定している〔『大湖』一二号、井上定幸一九六五〕。その趣意書の奥書は、次のように認められていた。

〔史料43〕

右の条々を堅く守らなければならない。もっとも、当店の掟書を毎月朔日に家内が打寄り、怠ることなく末々まで読み聞かせるように。その時々の商内の状況をお互いに話し合い、互いに励み出世するように。これを月例のことだと考え、出席もしないようでは家法も乱れ、不繁昌の原因となるので、各々が必ずこのことを守り、万事互いに堪忍し合い、奉公を大切に勤めれば、自然と家内も和合繁昌し、各々も日々出世するはずである。本家では、これのみを朝夕願っている。もし女色にふけったり、大酒などで身持ちが悪くなっては、その身はもちろん親兄弟までの名を穢し、天理に背くことになり、嘆かわしいことである。（中略）右の趣意書に背く者は、主人としても立場がなくなるので、心得のため記し遣わし置く。

原田家で店法が定められた背景には、事業の拡大とともに家内の緊張度が緩み、改めて不実な商いをしないように誡める目的があったのだろう。「掟」の第一一条は、店内に「白箱」が設置され、「何事によらず不審の筋」があったならば、記名して投函するように定めている。それは店内の不協和音を防止して、和合繁昌を維持させることを意図していた。そうすれば奉公人も日々出世していくはずであり、それが本家の願いなのだと述べている。

原田家の「趣意書」は、これより一四年前の文化一〇年（一八一三）六月に制定された同文のものが残されており、出世することを鼓舞するのは店法制定の前提であったと言えよう。

もっとも、ここでの出世は、必ずしも店内の職位を昇進することであるとか、あるいは別家になることといった意味にとどまらないと思われる。商業技術の修得や人間的な成長をも含む、広い意味を込めていると理解することもできる。いずれにしても、奉公人が出世することは、本家の願いであることが強調されている。そしてこの掟や趣意書は、たんに奉公人だけにとどまらず、主人をも規制するものとして位置づけられている。

小澤蕭鳳の教諭

野洲《やす》郡大篠原《おおしのはら》村（野洲市）の小澤七兵衛家は、貞享二年（一六八五）に創業し、享保四年（一七一九）からは下野国茂木《もてぎ》（栃木県）で本格的な商売を始め、茂木店を本店として宇都宮、黒羽《くろばね》、江戸小網町二丁目にも出店を開設し、醸造業を主な事業として営業した商家であった。

当家の一〇代目は、小澤蕭鳳《こざわしょうほう》と雅号し、天保一四年（一八四三）に子孫への教諭を道歌として綴った「童子一百集」を編んでいる〔小澤七兵衛一九九八、小澤蕭愼二〇一五〕。そこでも立身・出世について詠んでいることが確認できる。歌は二〇〇首余り詠まれているが、そのうち第四・一〇・一五六首は次のようであった。

〔史料44〕

四　奉公は主人のためと思ふなよ、我が身をたつるためにあらずや
一〇　出精をば望みて奉公する人は、主人大事にかたく勤めよ
一五六　立身も出世も早ふ思ふなよ、天より我れ《（ママ）》とひとりよび出す

右の史料から判明することは、蕭鳳もまた立身と出世は異なるものと考えていたことである。ただ「身をたつる」・立身と、出精・出世の違いは明確ではない。

他方で、「四三　若きとき二度はないぞよ働けよ、かねをもふけ《（儲）》て老いのたのしみ」とか、「一五九　勤て金をもふけて蔵立てて、またやと《（雇）》ふ身となれ」と教えていることを文字通りとると、金を儲けることが奉公を勤めることの目的だと言っているように受け取られる。しかし、そのような理解は皮相的であろう。奉公人が目標としなければならないことは、蔵を建て、奉公人を雇うような経営者になることであり、その生活は老いの楽しみへと結実することだと教諭しているのであろう。そのためには、奉公人としてさまざまなことを学び、自分を律する必要があるが、その要諦は「二四　辛抱と家業・正直三つの道、すぐに通ふれば金の山あり」というように、辛抱・家業・正直を修得することであった。

このように詠歌を一読すると、きわめて即物的なことが立身・出世の内容として掲げられている。しかし、道歌全体に通底する教えは、奉公する期間に高い道徳・倫理観を身に

つけた者だけが、立身・出世できることなのだと諭しているのであろう。蕭鳳のいう立身・出世もまた、本人の老いの楽しみにつながる道程に存在するものであった〔宇佐美二〇〇一〕。

挫折者・猪田清八の末期の言葉

ここまで紹介してきたような立身・出世の言説は、愛知《えち》郡小田苅《こたかり》村（湖東町）の小林吟右衛門家や蒲生郡中在寺《なかざいじ》村（日野町）の矢尾喜兵衛家などの店法・遺言書にも見られる〔末永一九七八・二〇〇四b〕。

しかし、店法や家訓を残した商家は、いわば事業に成功し資産を蓄積したことにより、次代に相続させる意思をもって作成したことは間違いない。それらに記されている条文は成功した結果の言葉であり、時に聖人君子的な言説・表現になり、自らの行為を正当化している可能性もあることに留意する必要がある。それゆえ、成功に至らず挫折・失敗した者の姿にも注目しておきたい。

そこで中途挫折者の語りとして、神崎郡簗瀬村の猪田清八の例を挙げることにする。彼は史料9（64頁）に名前を見せる人物の先代もしくは先々代にあたるが、安永六年（一七七七）四月に発生した愛知川《えちがわ》河川敷の草柴刈り取りをめぐる騒動の責任を取らされ壱岐島《いきしま》へ遠島となった。当時は簗瀬村の横目《よこめ》（村年寄）であったからだが、農閑には丹後・丹波・大坂へ商売で往復していた。したがって遠島・闕所《けっしょ》処分を受けた時には、相当程度の資産を蓄えていたと思われる。流罪になる直前には、床下や梁の間に隠金があることを手紙で知らせて来ているくらいである。また、着島当初には、島内で小商いをする意志も伝えて来ていた。しかし、流罪中に故郷に残してきた妻や長男・二男が亡くなったことを知らされ、自らも病を得て天明五年（一七八五）五月に同罪で流された同郷の者に看取られて没している（『五個荘町史　第二巻』、『近江愛知川の歴史　第二巻』、宇佐美二〇一六）。

彼が亡くなる直前に認《したた》めたと思われる四月二日付けの手紙「物がたり書き申し候事」（『五個荘町史　第三巻』）には、「私は若い時より何とぞ金儲けさせてもらいたいという欲心があったので、人間は一心が定まらなければ立身できないと思い、一日中金儲けのことを考えることが立身の本だと心得て暮らしてきた」と記し、若い時には金儲けをしたいという思いで働き暮らしてきたと述べている。しかし、流罪中に妻子の訃報が届いたり、自ら病を患うようになった末期には、「とはいうものの、この世は儚《はかな》い夢の浮世にすぎず、金があっても死んでしまえばいらない物」だと語るのである。そして五月四日付けの、おそらく最後の手紙と思われるが、そこでも「金はこの世の宝、命なければいらぬもの」と記している。

近江商人の店法類では利益至上主義を誡めているが、清八のように若い時には金儲けをしたいという欲心が、働くことのモチベーションとなることもまた、近江商人の営業の精神であったことを正当に評価すべきだろう。ただ、そのような欲心だけで人生を送るのではなく、商売を続ける過程――換言すれば立身・出世の道程――で多くを学び、「命なければいらぬもの」という心境に至ることが、近江国内では近江商人として評価されることの規準の一つだった。その意味で清八は、資産形成上は近江商人として順調な階梯を踏んだのではないが、精神の形成に限れば共通する地平に至ったと言える。

主人にとっての立身・出世

初代伊藤忠兵衛の遺訓

犬上郡八目村《はちめ》（豊郷町）出身の初代伊藤忠兵衛（天保一三年〈一八四二〉～明治三六年〈一九〇三〉）は、総合商社伊藤忠商事（株）・丸紅（株）の創業者として知られている。彼は明治二六年（一八九三）一月に大阪で綿糸・綿布（後に綿花も）を取り扱う伊藤糸店を開店するに際して、伊藤各店（本店・京店・西店）に共通する店法（「伊藤本店店法則」）を制定、発布している（「伊藤忠兵衛家文書」）。

この店法の冒頭には、初代忠兵衛が業務の根拠を確定し、他日の遺志に備えるという趣意で作成されたものであることを記した「店法則趣意」が認《したた》められ、そこには五か条の訓諭《くんゆ》が記されている。その第一条目には、「四恩を思ひ、以て立身出世の志を励ますべし」とあった〔宇佐美二〇一七〕。「四恩」とは、人がこの世で受ける四種の恩であり、父母・衆生《しゆじよう》・国王・三宝《さんぼう》の恩を意味している。「心地観経《しんじかんぎよう》」にいう四恩に感謝することを記すことは、初代忠兵衛もまた、他の多くの近江商人と同じように篤実な仏教徒であったことが反映されている。

ただし、明治四一年に各店を統合して伊藤忠兵衛本部制を導入した時、先の店法も改訂されたが、その際に訓諭の第五則の文章表現の一部が二代忠兵衛によって修正されている。その時以降、初代が定めた五則の訓諭は「遺訓五則」と称されるようになる。さらには大正四年（一九一五）一月の伊藤忠合名会社店法にも採録されている。個人商店時代に初代が示した五則を含む「店法則」は、事業体が法人化してもなお、「店法」として意識されたものであった〔宇佐美二〇一八a〕。

また、本家の伊藤長兵衛家でも同様であった。明治四五年に制定された伊藤長兵衛商店博多店・京都店の「店法則」の冒頭にも、右の遺訓五則が載せられている〔宇佐美二〇〇二〕。すなわち伊藤忠兵衛・長兵衛家では、その事業経営の根本となる精神・理念の第一に、初代忠兵衛が店員たちに求めた「立身出世の志」がおかれたのであった。それでは、忠兵衛が求めた立身出世の志とは、どのような意味を含んでいたのだろうか。

それは、何よりも店員たちが商家の主人となるべく成長することであった。たとえば、明治三三年四月に伊藤本店に入店した高井兵三郎が、その秋頃に忠兵衛に初めて対面した時、忠兵衛から（一）江州人の名折れになるようなことはしないこと、（二）信仰の心を持つこと、と聴かされている。近江国には近江商人気質の伝統があり、その中で育った子供だから店員として採用する。どのような苦楽も信仰心さえあれば克服できるのだから、店（伊藤家）の宗旨である浄土真宗の教えを学んでほしいと言われたのである。

同時に座右の銘を示され、「将来、人の上に立つ様になるには、是非この心懸が肝要」だと教諭された〔宇佐美二〇一二〕。その格言とは、「地主の足跡は田畑の肥料となり、牧主の眼光は牛馬の毛沢を増す」というものであった。すなわち、主人たる者は、その活動において傍観者となるのではなく、自らが現場に立って率先垂範することが大事なのだと言うのである。

初代忠兵衛が店員に対して立身出世することを鼓舞する姿勢は、近世期の近江商人と共通するものであった。彼が事業経営の場で採用していた会議制度・利益三分主義などは、近江商人の先人たちの経営実践に学んだと思われるが、立身・出世を謳うことも同様であった。長い歴史を経ながら築いてきた近江商人の営為を、尊敬心をもって学び、自らの事業活動にも活かしたのである。

忠兵衛の右のような店員に対する教諭は、店員のなかに浸透していた。それは明治二六年（一八九三）に制定された店法のなかに「出世店員」という制度を規定していたことでも明らかである。この出世店員は、衣類の支給などがあるものの、無給の店員であった。純益の利益配当金や功労積立金を受け取ることはできるものの、別家格になるまでは、記帳されるだけで現金を手にすることはできなかった。他方では、有給の雇用店員は、年給金を受け取ることができた。

伊藤各店の出世店員

明治三四年四月頃と思われる店員表によると、忠兵衛家に勤める店員・女子衆たちは総計一〇〇名であった。このうちの七〇名（新入の一〇名を含む）は、無給の店員で占められていた。事業を行っている本店・西店・京店・糸店には総計七九名の男子店員がいたが、そのうち別家は八名（一〇％）、六〇名（七六％）が無給の出世店員であった。有給の店員は一一名（一四％）にすぎなかったのである。有給店員の半数は「戸主」とされていることから、家族の扶養の関係で有給店員となっていたのであろう。もちろん、出世店員のなかにも戸主は存在したが、扶養上の支障がなかったのだと思われる。また、この後には高等小学校卒業者だけでなく、商業学校を卒業した者も入店するが、彼らもまた出世店員の道を選んでいる。

出世店員とは、「本人が望み、本人の成績しだいでは、将来別家格、別家となって伊藤家の一族関係に入り、その生涯が保証される者」〔『丸紅前史』〕であった。これに対して有給の店員は、期間が限定され、特定の雇用条件があった。

近世期の商家では子供（丁稚）は無給であり、手代となって給金が与えられ、職位を昇進し番頭・支配人になれば別家格・別家になることができた。外形的には、それと近似しているものの、給与が与えられないという点では、店員としての条件は悪いように見える。現実的には別家にまで至る者はごく少数であったにもかかわらず、商業学校を卒業したとしても出世店員のコースを選択した者が多いのは、ひとえに別家となって伊藤家と擬制的家族関係を結ぶことに価値を置いていたからだと思われる。それほどに初代忠兵衛あるいは伊藤忠兵衛家は、主人は店員に立身出世することを鼓舞し、主人に相応しいか、あるいは経営委任できるほどの能力をもつ人材に育てる意識をもち、他方で店員は学歴の高低にかかわらず、たとえ無給であっても仕事に従事することを納得しているという、事業経営体としては特異な存在であった。

しかし、このような属人的、主従関係的な雇用関係も、個人商店から伊藤忠合名会社設立という法人化が実施された大正三年（一九一四）一二月以降は、家族主義的な関係を色濃く残しながらも、すべての店員が有給となり、二代忠兵衛を中心にして近代的雇用関係による経営へと変化を遂げていくのである〔宇佐美二〇一八a〕。

西川庄六家の「奉公人出世記録」

時代は下るが、明治末年から大正七年（一九一八）頃までの本店に在職していた店員を記録した台帳が、西川庄六家に残されている（近江八幡市史編纂室蔵「西川庄六家文書」）。西川庄六家は、史料1（25頁）を伝来させている西川利右衛門家の分家筋にあたり、両家とも屋号は「大文字屋」であった。江戸出店では、利右衛門家が畳表や蚊帳を扱ったのに対して、庄六家は蚊帳や木綿などを扱っていた〔烏野二〇二〇〕。

さて、右の台帳には、昭和期に入店した店員に関する記録も挟み込まれているが、それらは「西川庄六店専用箋」に記されている。台帳の表題は「奉公人出世記録」、柱書は「西川庄六本店使用人之記録」である。表題に「出世」とあるが、一体どのようなことを出世の記録としていたのだろうか。

奉公人（店員）の台帳である以上、その姓名・生年月日・住所（本籍）・雇い入れ年月などが記されることは、他家の例でも共通して見られるものである。庄六家のこの台帳で注目されるのは、「初登《はつのぼり》」「中登《なかのぼり》」「支配受登《しはいうけのぼり》」「徴兵検査登」「別家受登」の欄があり、それが実施された年月日を記入するように印刷されていることである。この他にも「勤番交代往復年月日」や「事故」などの欄もあるが、明らかにこの台帳は西川家において雇入れから初登り（親元への初帰省）、中登りを経て支配受け登りの後、別家受け登りが行われることが、店内における店員の立身・出世過程であり、奉公の最終段階が別家を許されることだということを示している。

ただ、右の台帳が在店したすべての店員について在所登《ざいしょのぼ》り（親元への帰省）の年月日を漏らさず記録しているわけではなく、東京支店や大阪支店に配属された店員は、この台帳には書き留められていない。東京支店・大阪支店の店員や本店店員でも、挟み込まれた用箋に書かれたままで転記されていないことも明らかである。しかし、一例を挙げるならば、「別家受登」欄には、「大正五年十二月三十日、新町二丁目へ別家、大正六年一月十八日嫁貰ふ」と記すように、別家に至った店員には、追加情報が書き込まれている。

西川庄六家の奉公人制度について述べる余裕はないが、在所登り制度を前提として店内の職位を昇進し、最終的に別家に至るという、近江商人の間で一般的に見られた立身・出世の階梯は、右の「奉公人出世記録」が如実に示しているように、近世期のみのことではなく、一部の商家では近代へも引き継がれたのである。

日野商人の組合規約

商家の主人が奉公人を育て上げ、功労者にはいわゆる暖簾《のれん》分けを行い独立させるのは、一般的なことであった。そのことは多くの場合、別家規定が店法に見られることからも明らかである。しかし、それは個別の商家限りで規定されることであり、商家の仲間、あるいは組織として対応していることなのかと考えると、そのような事例は稀である。

ところが、明治一八年（一八八五）一二月に制定された「江州日野商人組合規約」（史料の翻刻文は『近江日野の歴史　第八巻』付録CDに採録されている）は、興味深い内容を有している。この組合は、同一七年に滋賀県が発布した同業組合準則に基づき設立されたものである。この際、蒲生郡日野三町（大窪・村井・松尾）と三五村において、雇い人を有し他所に出店を設けている者、行商している者を調査している。この調査の結果、一三〇名が該当者として数えられ、そのうちの八七名の同意で設立された。

組合の目的は、取扱物産の改良・増殖を謀《はか》り、販売上の信用を厚くし、もって日野商人の福利を増進することにあった（第二条）。また、使用人に関しては、組合員共通の約束を設けて履行した。それゆえ「日野商人の面目を汚す」ような所業があれば、雇い主が責任を負うこととされた（第五条）。

他国から見れば、近江国から訪れる商人は、近江商人ないし江州商人であると一様に理解されたかもしれないが、子細にみれば近江商人を輩出した地域や時期により相違点も少なくない。とりわけ日野商人は、近世半ばには「日野大当番仲間」を結成するなど、いわば日野商人団・日野商人群とも称し得るような組織的なまとまりがみられた。「日野大当番仲間」に加盟していた商人数は、時期によって増減があるが四〇〇～一二〇〇人である

〔『近江日野の歴史　第七巻』〕。

時代が降るにつれて減少するとはいえ、明治一八年に、以前と同じような結束を企図したことは、他の近江商人の輩出地では見られないことであった。そして、そのような雇い人を抱え、出店を有する商人の意識には、「日野商人の面目」を維持することがあった。新しい時代を迎えてもなお、日野商人であることに強い誇りを抱いていたことが、日野商人組合の結成に至った理由であろう。

雇人規定の意味すること

組合規約は全二九条からなるが、それに続いて「江州日野商人組合雇人規定」が定められている。その第一条を意訳すると次のようであった。

〔史料45〕

第　条　およそ雇人を使役するには、自分の子弟に対するようにもっぱら慈愛を旨とし、色々と教養を加へ、他日に立身出世するための道を開いてやらなければならない。それゆえ雇主の尽くすべき義務を左のように定める。

第一　学齢未満の雇人に対しては、相当の教育を施さなければならない。

第二　雇人が病気に罹った時は、一〇〇日間は雇主の宅にて休養させなければならない。もっとも、療養費は病者の自弁である。

ただし、不品行または教諭に従わないことで病気になった場合は、休養させなければならないということではない。

第三　雇人を虐使したり、あるいは約束の給料を与えない等のことをしてはならない。

第四　理由なく雇人を解雇してはならない。もし家政上やむを得ないことがあって解雇する時は、六か月以前に雇人へ通知するか、または三か月分の給料を与えなければならない。

第五　雇人より解傭《かいよう》証書を求めた時は、これを与えるように。ただし、解傭証書には解傭の理由、および将来も関係を続けるか否か等を記載しなければならない。ただし、不品行等により放逐した者へは、解傭証書を与えないこととする。

右の規定は、店員を雇う側の雇用主（主人）の義務が記されている。第二条には雇われ人の守るべき義務が規定されているものの、何よりも雇い主の義務を第一条に規定したことが注目される。雇用主たる者は、雇われ人に対して慈愛を垂れ、教養を身につけさせ、将来立身出世するように助勢することがその身に課されていると記している。また、学齢未満の雇人に対して教育を施すことが義務化されていることは、明治五年（一八七二）に新政府が満六歳になった男女をすべて小学校へ通うことを義務化したにもかかわらず、その学制に基づく初等教育すら受けずに奉公に出る子供がいたことの反映でもある。しかし、そのような子供にも店内で教育を施すことが、雇主の義務として第一に挙げられているのである。

原文では句読点が付されていないため、立身と出世の間に読点が入ったのかどうかは判然としないが、丁年《ていねん》（一人前に成長した年齢）に至った時に主家に提出する「誓約書式」には、「御解傭後は、亡くなるまでどのようなことがあっても、貴殿の御承諾を経ないで御出店地と御取引地において、貴殿が御取扱している商業は決して致しません」と定められていることから、最終的には独立自営業者になることが前提とされていたと思われる。

西村市郎右衛門家の店規要領

日野商人が明治期に到達していた商家の当主たる義務観は、昭和五年（一九三〇）九月に創業一五八年を迎え、祖先の遺風を改めて店員たちに与えた西村市郎右衛門家の「店規要領」のなかに依然として継承されていたことを知ることができる。西村家は、安永三年（一七七四）に武蔵国葛飾郡二郷半領《ごうはんりよう》平沼村（埼玉県吉川市）に出店を設けた年を創業年次とし、昭和一八年（一九四三）に閉店するまで、埼玉県域を中心に油絞業、小間物・荒物卸業、醸造業、質屋業など多角的な商いを行った商家である〔『近江日野の歴史　第七巻』〕。

当家に伝来している「店規要領」には「店主の義務」（全四条）と「店員の義務」（全四

条）が記されているが、特に「店主の義務」が注目される。それらを意訳すると次の通りであった（史料の翻刻文は前掲書の付録ＣＤに採録されている）。

〔史料46〕

一、（一条）雇主は店員に接する時は自愛を専一とし、色々と教養を加え、立身出世の道を講じなければならない。

一、（二条）義務教育未了の者には、雇主がその義務を果たさなければならない。

一、（三条）店員が傷痍疾病になった場合は、雇主が相当の療養を加えなければならない。ただし、不品行または教諭に従わないことで発生した者へは、この限りではない。

一、（四条）店員が現役入営しているうちは、相当の手当を支給しなければならない。

第一～三条は、先の「江州日野商人組合雇人規定」を継承していることが明らかである。第四条は、明治期に定められた徴兵令が、昭和二年（一九二七）に兵力動員数増加のために改正された状況を反映させていると思われるが、ここでは論及を省略する。

さて、当家の近世期ではあるが年月日未詳の「店の掟」には、近年に店内にはびこる華美の服装傾向を案じて、「古例の仕着せなどでは不足に思い、それにつれ諸事に良い物を欲しがり、いっこうに主人のためになることを弁えず、何かと沢山の物を使い捨て、もったいないとは考えない。これでは天罰を蒙り、出情（出世）できないのも当然だ」と述べている。事業の伸張は、店内の「品行」をめぐる主従の意識の相克として現象してきたのは事実だろうが、それぞれの立場を互いに理解するべく店法は改編されていくのであろう。

ともあれ、西村家において店内で立身・出世するということは、「店の掟」によれば、手代となり仕入方（二七歳）・支配（三一歳）・質方（三七歳）へと昇進し、四二歳で後見に至ることであった。後見になることが別家になることと同義であったかどうかは明らかではないが、明治一八年に日野商人の間で取り決められたことが、昭和五年においてもなお、店主の義務として継承されていたことは疑いを容れないであろう。そして、このような主人の意志は、近江商人やその末裔たちに強弱の差はあれども、脈々と引き継がれていったのだろう。

扉を開け放したままに——エピローグ

本書では、出世証文と奉公人に立身・出世することを謳う店法を主な素材として、二つのことを見てきた。第一には、近江国内あるいは当地から輩出した商人は、どのような出世証文を取り交わしていたのかということである。第二には、近江国にこのような証文が多数伝来したのは、独特な立身・出世観が国内に浸透しており、そのことが証文の取り交わしに影響を与えたのではないかという考えから、店法類を紹介した。

出世証文の伝来と立身・出世観を結びつけて近江国や近江商人の特質を論じることは、牽強附会な史料解釈ではないかという批判はあるだろう。立身・出世を記す店法を持つ商家と出世証文を残している商家が、すべて一致しているわけではないからである。また近江商人は村々から輩出しているが、村法などの分析は捨象している。それゆえ、異なった観点からの批判はあえて受け容れるつもりであるが、近江商人やその末裔たちが近世・近代社会で果たした役割や意義を評価するためには、このような等閑視されてきた史実の解明が必要であろう。

とはいえ、一世紀を超える研究蓄積をもつ近江商人や彼らを輩出した近江国の村々町々の歴史研究をふまえて議論することは、筆者の能力をはるかに超えることであり、ごくわずかな側面を切り取ることしかできなかったことは認めざるを得ない。そこで最後にこれまで紹介してきたことを補足し、今後の課題についても述べておきたい。

立身・出世する道程

近江商人を輩出した地域を散策するならば、そこに鄙《ひな》には稀な舟板塀《ふないたべい》で囲繞《いにょう》された大きな屋敷を見ることができる。居宅には高級な部材が使用され、土蔵には高価なものと推測できる書画・骨董や什器《じゅうき》が収蔵されていた痕跡が残されている。

幼くして奉公に入った子供たちは、ここで家刀自《いえとじ》（家の主婦）たちから奉公人として弁えるべき礼儀作法の躾《しつけ》を受け、それぞれが各地の出店へと故郷を離れて下っていく。彼らは、数年後の初登りの時まで家族に会えることはない。家族に会えないことの寂寥感に耐え、奉公を通じた自助努力が求められる。

彼らの自助努力は、奉公を無事に終え別家となって創業するか、あるいは通勤別家となるか、二通りの出世の世界を実現するために必要であった。そのためには商業技術を覚え、商人として人間として大切な道徳や倫理観を修得しながら、店内の職位を昇進していく立身の過程を、主体的にすごす必要があった。この主家への入家から立身・出世の道程は、決して安穏としたものではなかったし、必ずしも努力が報われるとは限らなかった。出世の世界は、商人としての力量を改めて確かめる場であったが、その立場は老後・子孫繁栄をもたらすことでもあった。

奉公人として商業技術の修得に励む時期に、不実な商いや行為によって店に損害を与えたならば、その引負額は弁済しなければならないし、解雇されることもあるということを学ぶ。そして弁済にあたっては、訴訟を経ることなく、出世払いという方法があるということも知ることになる。その際、自分が仕える主人や支配人・番頭たちがどのように対処するのかを見聞し、自らの修業の糧とすることにもなっただろう。

立身し出世できた奉公人は、商家に奉公した者の一割程度であったほどに、商家の主人となれる者は限られていた。しかし、その一割程度の奉公人は、立身していく過程で守るべき商業倫理や世間の人情や仕組みを修得した者であった。彼らは、利益のための利益を求めてはいけない、正路な商いをしなければならない、世間から得た利益は世間に還元しなければならないといった考え方を理解するだけでなく、それを実践しなければ、近江国内ではまっとうな商人として認められなかった。ただ誤解してはならないことは、奉公人たちの自助努力のみが義務視されていたのではないということである。

彼らの自助努力は、主人たちの自助努力、すなわち奉公人を一人前の商人に育て上げるという、商家の主人として果たすべき責任と不即不離の関係にあったと考えなければならない。このような関係は、ある意味では双務的契約であったとも言える。かかる契約は、商家という一つの共同体において、道徳や倫理観を共有することによって成り立っていたのであろう。

天保・弘化期（一八三〇〜四八）頃に刊行されたと推測されている、当時の近江商人たちの番付（「湖東中郡日野八幡在々持余家見立角力」）が、資産の多寡で順位づけられていなかったのは、そのことを反映している。何よりも何代にもわたって家が継承されてきた老舗であることが評価の中心に置かれていた。老舗とは、何代にもわたって世間に貢献した商家だということが含意されていたのである。このような近江国における商家に対する評価基準は、おそらく近世期を通じて次第に醸成されてきたものであろう（宇佐美二〇一八b）。

近江商人が到達した「三方よし」の理念

初代伊藤忠兵衛が「商売は菩薩の業（行）商売道の尊さは、売り買い何《いず》れをも益し、世の不足をうずめ、御仏の心にかなうもの」〔「在りし日の父」・宇佐美二〇一〇〕と語ったのは、おそらく一八八〇年代ではないかと推測する。その考えは後に「売り手によし、買い手によし、世間によし」という、いわゆる近江商人の「三方よし」の考えとして評価されるようになった。最初に近江商人研究に「三方よし」の考えを主張したのは小倉榮一郎であるが〔小倉一九八八〕、発言の流れやそれを引用する巷説には問題があるものの、近江商人の到達した理念として評価することは、誤りではないだろう〔宇佐美二〇一五〕。

売り手も買い手も共に利益を上げなければ、商売としては不全であることは論をまたない。江戸時代に商人の倫理的意義を説いた心学においても、売り手・買い手の果たすべき行為は論じられている。問題は、商人間だけでなく一般消費者が生きる世間にも目配りがあったのかどうか、ということである。

小倉が経営理念のなかに「世間」が入ることが近江商人の特徴だと強調したことは、けだし卓見であった。ただ小倉は「世間」を「自分の商場《あきないば》」だと限定しているが、阿部謹也に学ぶならば〔阿部一九九五〕、地縁・血縁・職縁といった「縁」で結ばれた人間関係で作り上げられている空間・領域だと理解した方がよいだろう〔倉地二〇一五〕。「社会」が不特定多数の人々が生きている場だとすれば、「世間」は特定の関係にある人々が暮らす場所であり、近江商人たちは後者の世界で活躍し、その末裔たちや承継企業は近代に至って前者を意識するようになるのだろうと想定できる。

ところで、近江商人たちの立身・出世観は、日本の近代化推進のモーター役を果たした立身出世主義とは、いささか異なっていた。四字熟語で語られた立身出世主義は、社会学・教育学の観点から分析が行われてきたが〔小川一九五七、キンモンス一九九五、竹内一九九七など〕、それらは教育・学歴を媒介項とした青少年や社会の動向を説明してきた。

他方で、近世期は身分制社会であることを前提にして、武士にとっては役職・俸禄高の上昇、町人・百姓にとっては資産・持高の上昇を指標として議論されてきた〔柴田二〇〇〇、高野二〇一二〕。それらの解釈は説得的ではあるものの、立身と出世は異なる立ち位置にあると考えていた近江商人の姿を考慮するならば、十分な説明ではないだろう。

立身出世主義は立身と出世がほぼ同義だという理解を前提にしている。それが決して誤りだとは思わないが、立身と出世がほぼ同義語だと理解され、立身出世と四字熟語での表現が一般化する歴史過程を明らかにする必要があるのではないか。近江商人たちの立身・出世は、店内（社会的）地位の上昇が富の蓄積をともなうことを理解しながら、そのためには信仰心に基づいて高い道徳・倫理観を修得することが求められていた。改めて問われるべきは、こうした立身・出世観が、いかなる歴史の文脈で近代社会の立身出世主義に包摂されるのかということだろう。

出世証文を取り交わす前提

出世証文を取り交わすことは、債務者が家計・経営に破綻をきたしたということである。それは経済・経営の失敗者となったことを意味している。経済・経営学的な見地からは、破綻者は市場から退出することが合理的な結論になるが、出世証文の文面では、改めて商業活動を行い出世する意志を記すものが少なくない。商業を行うと記していない場合でも、家の再興・相続を実現することが出世した時であると考えている。そこでは、失敗者として意気消沈して現在の環境から逃避・退出する意志は表現されていない。

出世証文が残されているのは、結果的に出世できず、債務を弁済できなかったからであるが、証文を取り交わした当事者の間には、弁済する（される）ことを前提としていたと考えるべきだろう。もちろん債権者のなかには、債務者やその子孫に対しても、優越感や恩着せがましさを維持しようと考えた人間もいただろうことは否定できない。しかし、債務の発生とその弁済については自己責任であるとしても、その責任を厳しく咎めるのではなく、家産の再興に向けて再挑戦させるという度量の大きさ、寛容さが債権者にあったということも示している。そのことは、改めて働くことのモチベーションにもなったのだと思われる。それは失敗者を冷酷に切り放すのではなく、繋ぎとめたことでもある。

このような自己責任観と寛容な精神の浸透が、果たして近江国以外の地に残されている出世証文についても同様に評価できるか否かは、改めて検討する必要がある。

出世払い慣行の成立と推移

出世払いの慣行が成立した理由は、貨幣経済の発展にともない貨幣需要が高まったこと、また一八世紀初頭頃からの奉公人引負（取引の損失、遣い込み）が都市部において問題化していたことが背景にあると考えられる。そして、当事者同士の信頼・信用に基づいて返済期限を定めない出世借用証文が作成されるようになり、次第にその弁済方法が多様な債権・債務関係に応用されていったのであろう。

しかし、この観点はある意味で経済決定論的な説明にすぎない。貨幣経済の進展は、当然のことながら格差社会を生み出すことになる。それは同時に、社会の中に無産の人々を生み出すことでもある。このような状況にあって、貧困に陥った人々を一時的に救済するための、いわば一つのセーフティネットとも言える出世払いを上方《かみがた》の商家が発案し、やがて在方《ざいかた》（農村）にも普及していったのだろうと、筆者は推測している。このような慣行が成立するには、たんに経済決定論的な説明だけではなく、「世間・社会」において貧窮者を救済することの通念が、時代が移るとともに変わってきたことも影響していたと考えるべきなのだろう。

本書では経済・経営が破綻した者が出世証文を取り交わすこと、奉公人に立身・出世するように鼓舞すること、それらの慣行や通念が相互に影響し合った所として近江国・近江商人の一面を描けるのではないかという論述を試みた。この作業が説得的であったかどうかは読者の評価に委ねるが、今回は捨象した他地域に残されている出世証文を検討する際にも作業仮説としてどこまで有効であるか、今後の課題としておきたい。

また以上の叙述からお気づきのように、そもそも「出世払い（をする）」という直截な表現が使われるようになったのは、いつであるかを解明できてはいない。おそらく明治時代以降、出世証文を前提とする慣行を「出世払い」と称するようになったのではないかと推測しているが、その史実を確定することもまた、歴史学的には重要な意味を内包しているだろう。

「出世払い」をめぐる諸問題は、全国各地に伝来している出世証文の発掘や、明治期以降より現在に至る間の関連法との関係を検討するなど、解明しなければならない課題が多く残されている。それゆえに大方のご教示・ご来駕をお願いしたいため、出世証文の扉を開け放したままにしておくことにする。

あとがき

「出世証文の話を歴史文化ライブラリーで書きませんか」と斎藤信子さんからお声をかけていただいたのがいつだったか、正確な記憶に残らないほどの年月が経過してしまった。ただその時に、研究者もほとんど気にかけない出世証文を面白いと関心を持ってくださる編集者がおられることに、いたく感激したことは覚えている。

せっかくのお誘いではあったが、当時は（現在もあまり変わりはないが）数年先までかかる複数の仕事を抱え、提示された原稿締切日までに書き終える余裕も自信もなかったため、お断りせざるを得なかった。ところが、「それなら退職される時までで構いません」とのことで、まだその日までには十余年あったので執筆する約束をした。その頃には約一〇〇通の出世証文を見つけていたはずで、仕事の合間にそれらを元に執筆に取りかかった。

ところが、滋賀大学経済学部附属史料館に保管されている文書のなかや、当時関わっていた滋賀県内の自治体史編さんの過程で新たな出世証文が見つかり、また友人たちからも証文の情報が寄せられ、そのつど作成していた出世証文一覧表の加筆修正が必要となった。それらの証文のなかには、書き始めた原稿の修正を必要とするものや、新しく取り上げるべき内容を持つものが多数あり、原稿量は増加する一方であった。

そうこうしているうちに退職年次は近づくばかりで、さらに二〇年振りに『京都町触集成 別巻三』（岩波書店）の編集・刊行の作業が加わり、退職時に原稿を完成させることは不可能となった。そこで出版は口約束であることをいいことにして、退職後もしばらく肩書きを変えながらも大学に勤務することを理由に、まだ退職していないと屁理屈をこねて入稿を引き延ばすことにした。

斎藤さんには、学会の大会会場で姿を見られるたびに「お忘れではないでしょうね」と釘をさされ、文債を免責してもらえそうもなかった。まさに証文こそ交わさないが、出世払いを義務づけられたまま、年月が過ぎていった。さりとて、史料館が保管する文書は膨大であり、整理済み文書や未整理文書、あるいは他の史料所蔵施設などの文書を調査すると偶《たま》さかに一、二通の証文が見つかるという状況で、原稿の加筆・修正をしているうちに制限枚数をはるかに超えてしまった。それゆえ、本書を完成させる見通しが立たなくなった。かかる状態に至ったため、本シリーズを執筆した経験のある水本邦彦氏に相談したところ、書きたいことをとにかく書いてから原稿を削除し、出版は古稀記念にでもしたらどうかと助言をいただいた。そこで二〇一九年八月時点で確認している出世証文に限定し、古稀を迎える二〇二一年二月を入稿目標にして原稿の手直しを行うことにした。

ただ、せっかく書いたものを削除していく作業は苦痛であった。素原稿から四万字以上を削るとなると、全体の構成も変更せざるを得なかった。しかし、新型コロナウィルス禍による閉塞的な社会状況のなかで、「自助・共助・公助」などと広言しながら、社会的・経済的弱者を決して親身に遇していない政府や行政に憤りを覚えた。そもそも近代以降の公権力は、近世期に多数の商人・百姓に負った債務を恣意的に踏み倒した上に成立したのであって、出世払いすら約束しなかった。そのような権力に対し、公助なぞほとんど頼りにせず、自助・共助で生きてきた人々の姿を出世払いの歴史を描くことで示したいと考えるようになり、それから修正作業も進むようになった。もっとも、古稀直前に入稿した後も、引用史料に意訳を付すことや、読み下し文に変えて意訳文にするようにとの編集上の要請があって、再三の加筆・修正を余儀なくされたのだが。

本書は、このような仕儀でお目にかけるものである。それゆえ意を尽くせたわけではないが、出世払いの慣行は出世証文の多様性を前提としていること、近江国に多数伝来している背景には、独特な立身・出世観が存在していたことを知っていただけたなら所期の目的は果たせたことになり、望外の喜びである。

全国各地にも少なからず出世証文は伝来している。それらの証文を本書では取り上げていない。確認している証文数は決して多くはないが、かつて拙著〔二〇〇八〕で紹介した近世期京都の事例や近江国に伝来したものと比較検討することにより、日本社会における出世払い慣行の史実をより豊かにできると考えている。いずれ機会を得て取り組みたいと考えているが、出世証文を発掘された時には、ご教示をいただければ幸いである。

最後に、いちいちお名前は記さないが、出世証文や商家の店法の存在をご教示いただいた方々、閲覧・利用を許可して下された多くの史料所蔵者や所蔵機関、および根気よく原稿を待って下さった斎藤信子さん、編集製作を助けて下さった冨岡明子さん、岡庭由佳さんに感謝の意を表したい。

二〇二一年八月

西日の射す史料館にて

宇佐美英機

参考文献

書籍・論文

青柳周一　「近江商人の出店経営と閉店への経緯—中井源左衛門家の相馬店について—」青柳周一他編『江戸時代近江の商いと暮らし—湖国の歴史資料を読む—』所収、おうみ学術出版会、二〇一六年

阿部謹也　『「世間」とは何か』講談社、一九九五年

井口正之編　『渋沢男爵実業講演　坤』帝国図書出版、一九一三年

市島謙吉編　『松屋筆記　第三』国書刊行会、一九〇八年

井上定幸　「北関東における近江商人の醸造経営(一)—上州藤岡町・原田四郎左ヱ門店の場合—」『群大史学』九号、一九六三年

井上定幸　「北関東の江州商人原田家の店則—藤岡店・文化十年「掟」・「趣意書」について—」『群馬文化』七八・七九合併号、一九六五年

井上定幸　「北関東における近江商人の醸造経営(二)—上州藤岡町原田四郎左衛門店の場合—」『群大史学』一〇号、一九六六年

井上政共編　『近江商人』松桂堂、一八九〇年

入江　宏　「町人教訓書にあらわれた奉公人像—「主従心得草」について—」『人文論究』二五号、

一九六五年
入江　宏『近世庶民家訓の研究―「家」の経営と教育―』多賀出版、一九九六年
植村正治『近世農村における市場経済の展開』同文館出版、一九八六年
上村雅洋『近江商人の経営史』清文堂出版、二〇〇〇年
上村雅洋『近江日野商人の経営史―近江から関東へ―』清文堂出版、二〇一四年
宇佐美英機「近世の出世証文―滋賀県神崎郡五個荘町域の事例―」滋賀大学経済学部附属史料館『研究紀要』二九号、一九九六年a
宇佐美英機「明治時代の出世証文―滋賀県神崎郡五個荘町域の事例―」『彦根論叢』三〇二号、一九九六年b
宇佐美英機「馬場利左衛門家の出店と「出世証文」」滋賀大学経済学部附属史料館『研究紀要』三一号、一九九八年
宇佐美英機「近江商人中井家の家訓・店則にみる「立身」と「出世」」『彦根論叢』三一七号、一九九九年
宇佐美英機「近江商人の家訓・店則にみる「立身」と「出世」」『経済史研究』五号、二〇〇一年
宇佐美英機「伊藤長兵衛商店店則」滋賀大学経済学部附属史料館『研究紀要』三五号、二〇〇二年
宇佐美英機「近江商人の「立身」「出世」観」滋賀大学経済学部附属史料館『研究紀要』三七号、二〇〇四年a
宇佐美英機「債務弁済と「出世証文」」『歴史評論』六五三号、二〇〇四年b

宇佐美英機「井筒屋糸店の出世証文」『大阪商業大学商業史博物館紀要』八号、二〇〇七年
宇佐美英機『近世京都の金銀出入と社会慣習』清文堂出版、二〇〇八年
宇佐美英機「商家奉公人の「立身」と「出世」」藪田貫共編『〈江戸〉の人と身分1　都市の身分願望』所収、吉川弘文館、二〇一〇年
宇佐美英機『初代伊藤忠兵衛を追慕する—在りし日の父、丸紅、そして主人—』清文堂出版、二〇一二年
宇佐美英機「近江商人研究と「三方よし」論」滋賀大学経済学部附属史料館『研究紀要』四八号、二〇一五年
宇佐美英機「離島で果てる—ある商人の軌跡—」青柳周一他編『江戸時代近江の商いと暮らし—湖国の歴史資料を読む—』所収、おうみ学術出版会、二〇一六年
宇佐美英機「伊藤本店店法則」『滋賀大学経済学部ワーキングペーパー』二七〇号、二〇一七年
宇佐美英機「明治二十六年伊藤忠兵衛家店法則の制定過程と継承」滋賀大学経済学部附属史料館『研究紀要』五一号、二〇一八年a
宇佐美英機「峠の向こうに何がある—商いへの旅立ち—」滋賀大学経済学部附属史料館『研究紀要』五一号、二〇一八年b
江頭恒治『近江商人中井家の研究』雄山閣、一九六五年
江頭恒治『星久二百二十五年小史』私家版、一九七五年（再版）
近江商人博物館編『塚本定右衛門と聚心庵展　図録』近江商人博物館（東近江市）、一九九八年

近江商人博物館編『外村与左衛門展　図録』近江商人博物館(東近江市)、二〇〇〇年
小川太郎『立身出世主義の教育』黎明書房、一九五七年
小倉榮一郎『江州中井家帖合の法』ミネルヴァ書房、一九六二年
小倉榮一郎『近江商人の経営』サンブライト出版、一九八八年
小倉榮一郎『近江商人の理念』AKINDO委員会、一九九一年
桂　浩子「市田清兵衛家文書「日記」にみる高崎出店と奉公人」滋賀大学経済学部附属史料館『研究紀要』五二号、二〇一九年
鳥野茂治「八幡商人の出店と物流路」滋賀大学経済学部附属史料館『研究紀要』五三号、二〇二〇年
菅野和太郎「近江商人と共同企業心」『太湖』四二、一九二九年a
菅野和太郎「明治維新後に於ける近江商人落魄の原因に就いて」『彦根高商論叢』六号、一九二九年b
菅野和太郎「徳川時代の匿名組合―近江商人の企業組織に関する一考察―」『経済史研究』三号、一九三〇年
北島正元編『江戸商業と伊勢店』吉川弘文館、一九六二年
E・H・キンモンス/広田照幸他訳『立身出世の社会史―サムライからサラリーマンへ―』玉川大学出版部、一九九五年
久保田暁一『外村繁の世界』サンライズ出版、一九九九年
倉地克直『「生きること」の歴史学―徳川日本のくらしとこころ―』敬文舎、二〇一五年
小澤七兵衛『童子一百集―小澤蕭鳳の教え―』私家版、一九九八年

小澤蕭愼　『小澤家家史』私家版、二〇一五年
小早川欣吾「近世に於ける身代限り及分散続考(三完)」『法学論叢』四四巻四号、一九四一年
柴田　純　『江戸武士の日常生活—素顔・行動・精神—』講談社、二〇〇〇年
末永國紀「近江商人小林吟右ヱ門家の家法」『経済経営論叢』一三巻一号、一九七八年
末永國紀『考える江戸の人々—自立する生き方をさぐる—』吉川弘文館、二〇一八年
末永國紀『近代近江商人経営史論』有斐閣、一九九七年
末永國紀『近江商人—現代を生き抜くビジネスの指針』中央公論新社、二〇〇〇年
末永國紀「近江商人の出世証文と御礼証文—松居久左衛門家を中心に—」『経済学論叢』五六巻三号、二〇〇四年a
末永國紀・本村希代・奥田以在「近江商人矢尾家の遺言書」『経済学論叢』五六巻三号、二〇〇四年b
須永知彦「出世払いと近代法(一)(二)」滋賀大学経済学部附属史料館『S・A・M』三〇・三一号、二〇〇九年
芹川博通『宗教的経済倫理の研究』多賀出版、一九八七年
芹川博通『日本の近代化と宗教倫理—近世近江商人論—』多賀出版、一九九七年
高野信治「もう一つの「名利」—「奉公人」の「立身」:『葉隠』の葛藤—」『九州文化史研究所紀要』五四号、二〇一一年
高橋久一『明治前期地方金融機関の研究』新生社、一九六七年
竹内　洋『立身出世主義—近代日本のロマンと欲望—』NHK出版、一九九七年

田中秀作　「徳川時代近江商人の信仰に就いて」『彦根高商論叢』二四号、一九三八年
谷本寛治　『日本企業のCSR経営』千倉書房、二〇一四年
藤堂泰脩　『聚心庵に心をよせて』ツカモトコーポレーション、二〇一八年
中田　薫　『徳川時代文学に現れたる私法』明治堂、一九二五年
中川淳他編　『増補　判例辞典』六法出版社、一九八六年
中西　聡　『近世・近代日本の市場構造―「松前鯡」肥料取引の研究―』東京大学出版会、一九九八年
日比野丈夫　『善人松居遊見叟碑文読解』株式会社星久、一九八四年(再版)
丸紅株式会社社史編纂室　『丸紅前史』丸紅株式会社、一九七七年
油井宏子　『江戸奉公人の心得帖―呉服商白木屋の日常―』新潮社、二〇〇七年

自治体史

愛知川町史編集委員会『近江愛知川の歴史　第二巻　近世・近現代編』愛荘町、二〇一〇年
五個荘町史編集委員会『五個荘町史資料集Ⅰ―近江商人外村家の家訓・店則集成―』五個荘町、一九八九年
五個荘町史編さん委員会『五個荘町史　第三巻　史料Ⅰ』五個荘町、一九九二年
五個荘町史編さん委員会『五個荘町史　第二巻　近世・近現代』五個荘町、一九九四年
蒲生郡八幡町編『滋賀県八幡町史　上　通説』蒲生郡八幡町、一九四〇年
近江八幡市史編集委員会『近江八幡の歴史　第五巻　商人と商い』近江八幡市、二〇一二年

高宮町史編纂委員会『高宮町史』彦根市高宮町、一九五八年
彦根市史編集委員会『新修彦根市史　第二巻　通史編　近世』彦根市、二〇〇八年
日野町史編さん委員会『近江日野の歴史　第八巻　史料編』滋賀県日野町、二〇一〇年
日野町史編さん委員会『近江日野の歴史　第七巻　日野商人編』滋賀県日野町、二〇一二年
日野町史編さん委員会『近江日野の歴史　第三巻　近世編』滋賀県日野町、二〇一三年
寝屋川市史編纂委員会『寝屋川市史　第五巻　近世史料編Ⅱ』寝屋川市、二〇〇一年

著者紹介

一九五一年、福井県に生まれる
一九七五年、同志社大学商学部卒業
一九七八年、同志社大学大学院文学研究科博士課程前期修了
現在、滋賀大学名誉教授、京都大学博士（文学）

〔主要編著書〕

『近世京都の金銀出入と社会慣習』（清文堂、二〇〇八年）
『〈江戸〉の人と身分1　都市の身分願望』（共編、吉川弘文館、二〇一〇年）
『初代伊藤忠兵衛を追慕する—在りし日の父、丸紅、そして主人—』（編著、清文堂、二〇一二年）

歴史文化ライブラリー
538

近江商人と出世払い
出世証文を読み解く

二〇二一年（令和三）十二月一日　第一刷発行

著　者　宇《う》佐《さ》美《み》英《ひで》機《き》
発行者　吉川道郎
発行所　株式会社 吉川弘文館
東京都文京区本郷七丁目二番八号
郵便番号一一三—〇〇三三
電話〇三—三八一三—九一五一〈代表〉
振替口座〇〇一〇〇—五—二四四
http://www.yoshikawa-k.co.jp/
印刷＝株式会社 平文社
製本＝ナショナル製本協同組合
装幀＝清水良洋・宮崎萌美

ISBN978-4-642-05938-1

歴史文化ライブラリー

1996. 10

刊行のことば

現今の日本および国際社会は、さまざまな面で大変動の時代を迎えておりますが、近づきつつある二十一世紀は人類史の到達点として、物質的な繁栄のみならず文化や自然・社会環境を謳歌できる平和な社会でなければなりません。しかしながら高度成長・技術革新にともなう急激な変貌は「自己本位な刹那主義」の風潮を生みだし、先人が築いてきた歴史や文化に学ぶ余裕もなく、いまだ明るい人類の将来が展望できていないようにも見えます。このような状況を踏まえ、よりよい二十一世紀社会を築くために、人類誕生から現在に至る「人類の遺産・教訓」としてのあらゆる分野の歴史と文化を「歴史文化ライブラリー」として刊行することといたしました。

小社は、安政四年（一八五七）の創業以来、一貫して歴史学を中心とした専門出版社として書籍を刊行しつづけてまいりました。その経験を生かし、学問成果にもとづいた本叢書を刊行し社会的要請に応えて行きたいと考えております。

現代は、マスメディアが発達した高度情報化社会といわれますが、私どもはあくまでも活字を主体とした出版こそ、ものの本質を考える基礎と信じ、本叢書をとおして社会に訴えてまいりたいと思います。これから生まれでる一冊一冊が、それぞれの読者を知的冒険の旅へと誘い、希望に満ちた人類の未来を構築する糧となれば幸いです。

吉川弘文館

歴史文化ライブラリー

近世史

慶長遣欧使節 伊達政宗が夢見た国際外交―――佐々木 徹
徳川忠長 兄家光の苦悩、将軍家の悲劇―――小池 進
女と男の大奥 大奥法度を読み解く―――福田千鶴
細川忠利 ポスト戦国世代の国づくり―――稲葉継陽
家老の忠義 大名細川家存続の秘訣―――林 千寿
隠れた名君 前田利常 加賀百万石の運営手腕―――木越隆三
明暦の大火 「都市改造」という神話―――岩本 馨
江戸の政権交代と武家屋敷―――岩本 馨
江戸の町奉行―――南 和男
大名行列を解剖する 江戸の人材派遣―――根岸茂夫
江戸大名の本家と分家―――野口朋隆
〈甲賀忍者〉の実像―――藤田和敏
江戸の武家名鑑 武鑑と出版競争―――藤實久美子
江戸の出版統制 弾圧に翻弄された戯作者たち―――佐藤至子
武士という身分 城下町萩の大名家臣団―――森下 徹
旗本・御家人の就職事情―――山本英貴
武士の奉公 本音と建前 江戸時代の出世と処世術―――高野信治
近江商人と出世払い 出世証文を読み解く―――宇佐美英機
宮中のシェフ、鶴をさばく 江戸時代の朝廷と庖丁道―――西村慎太郎
犬と鷹の江戸時代 〈犬公方〉綱吉と〈鷹将軍〉吉宗―――根崎光男
紀州藩主 徳川吉宗 明君伝説・宝永地震・隠密御用―――藤本清二郎
近世の巨大地震―――矢田俊文
外来植物が変えた江戸時代 里湖・里海の資源と都市消費―――佐野静代
死者のはたらきと江戸時代 遺訓・家訓・辞世―――深谷克己
闘いを記憶する百姓たち 江戸時代の裁判学習帳―――八鍬友広
江戸時代の瀬戸内海交通―――倉地克直
江戸のパスポート 旅の不安はどう解消されたか―――柴田 純
江戸の捨て子たち その肖像―――沢山美果子
江戸の乳と子ども いのちをつなぐ―――沢山美果子
江戸時代の医師修業 学問・学統・遊学―――海原 亮
江戸幕府の日本地図 国絵図・城絵図・日本図―――川村博忠
踏絵を踏んだキリシタン―――安高啓明
墓石が語る江戸時代 大名・庶民の墓事情―――関根達人
石に刻まれた江戸時代 無縁・遊女・北前船―――関根達人
近世の仏教 華ひらく思想と文化―――末木文美士
松陰の本棚 幕末志士たちの読書ネットワーク―――桐原健真
龍馬暗殺―――桐野作人

歴史文化ライブラリー

日本の開国と多摩 生糸・農兵・武州一揆——藤田 覚
幕末の世直し 万人の戦争状態——須田 努
幕末の海軍 明治維新への航跡——神谷大介
海辺を行き交うお触れ書き 浦触の語る徳川情報網——水本邦彦
江戸の海外情報ネットワーク——岩下哲典

近・現代史

江戸無血開城 本当の功労者は誰か?——岩下哲典
五稜郭の戦い 蝦夷地の終焉——菊池勇夫
水戸学と明治維新——吉田俊純
大久保利通と明治維新——佐々木 克
刀の明治維新 「帯刀」は武士の特権か?——尾脇秀和
維新政府の密偵たち 御庭番と警察のあいだ——大日方純夫
京都に残った公家たち 華族の近代——刑部芳則
文明開化 失われた風俗——百瀬 響
西南戦争 戦争の大義と動員される民衆——猪飼隆明
大久保利通と東アジア 国家構想と外交戦略——勝田政治
明治の政治家と信仰 クリスチャン民権家の肖像——小川原正道
文明開化と差別——今西 一
大元帥と皇族軍人 明治編——小田部雄次
皇居の近現代史 開かれた皇室像の誕生——河西秀哉
日本赤十字社と皇室 博愛か報国か——小菅信子
神都物語 伊勢神宮の近現代史——ジョン・ブリーン
陸軍参謀 川上操六 日清戦争の作戦指導者——大澤博明
日清・日露戦争と写真報道 戦場を駆ける写真師たち——井上祐子
公園の誕生——小野良平
鉄道忌避伝説の謎 汽車が来た町、来なかった町——青木栄一
軍隊を誘致せよ 陸海軍と都市形成——松下孝昭
軍港都市の一五〇年 横須賀・呉・佐世保・舞鶴——上杉和央
〈軍港都市〉横須賀 軍隊と共生する街——高村聰史
お米と食の近代史——大豆生田 稔
日本酒の近現代史 酒造地の誕生——鈴木芳行
失業と救済の近代史——加瀬和俊
近代日本の就職難物語 「高等遊民」になるけれど——町田祐一
海外観光旅行の誕生——有山輝雄
難民たちの日中戦争 戦火に奪われた日常——芳井研一
昭和天皇とスポーツ 〈玉体〉の近代史——坂上康博
大元帥と皇族軍人 大正・昭和編——小田部雄次
昭和陸軍と政治 「統帥権」というジレンマ——高杉洋平

歴史文化ライブラリー

海軍将校たちの太平洋戦争——手嶋泰伸
松岡洋右と日米開戦 大衆政治家の功と罪——服部 聡
稲の大東亜共栄圏 帝国日本の〈緑の革命〉——藤原辰史
地図から消えた島々 幻の日本領と南洋探検家たち——長谷川亮一
自由主義は戦争を止められるのか 芦田均・清沢洌・石橋湛山——上田美和
軍用機の誕生 日本軍の航空戦略と技術開発——水沢 光
首都防空網と〈空都〉多摩——鈴木芳行
帝都防衛 戦争・災害・テロ——土田宏成
陸軍登戸研究所と謀略戦 科学者たちの戦争——渡辺賢二
帝国日本の技術者たち——沢井 実
強制された健康 日本ファシズム下の生命と身体——藤野 豊
戦争とハンセン病——藤野 豊
「自由の国」の報道統制 大戦下の日系ジャーナリズム——水野剛也
海外戦没者の戦後史 遺骨帰還と慰霊——浜井和史
学徒出陣 戦争と青春——蜷川壽惠
特攻隊の〈故郷〉 霞ヶ浦・筑波山・北浦・鹿島灘——伊藤純郎
沖縄戦 強制された「集団自決」——林 博史
陸軍中野学校と沖縄戦 知られざる少年兵「護郷隊」——川満 彰
沖縄戦の子どもたち——川満 彰
沖縄からの本土爆撃 米軍出撃基地の誕生——林 博史
原爆ドーム 物産陳列館から広島平和記念碑へ——頴原澄子
米軍基地の歴史 世界ネットワークの形成と展開——林 博史
沖縄米軍基地全史——野添文彬
考証 東京裁判 戦争と戦後を読み解く——宇田川幸大
昭和天皇退位論のゆくえ——冨永 望
ふたつの憲法と日本人 戦前・戦後の憲法観——川口暁弘
戦後文学のみた〈高度成長〉——伊藤正直
首都改造 東京の再開発と都市政治——源川真希
鯨を生きる 鯨人の個人史・鯨食の同時代史——赤嶺 淳

文化史・誌

落書きに歴史をよむ——三上喜孝
山寺立石寺 霊場の歴史と信仰——山口博之
跋扈《ばっこ》する怨霊 祟りと鎮魂の日本史——山田雄司
将門伝説の歴史——樋口州男
空海の文字とことば——岸田知子
殺生と往生のあいだ 中世仏教と民衆生活——苅米一志
浦島太郎の日本史——三舟隆之
〈ものまね〉の歴史 仏教・笑い・芸能——石井公成